# 古典文獻研究輯刊

## 十七編

潘美月・杜潔祥 主編

### 第1冊

《十七編》總目

編 輯 部 編

### 《國語集解》訂補

戎 輝 兵 著

國家圖書館出版品預行編目資料

《國語集解》訂補／戎輝兵　著 ─ 初版 ─ 新北市：花木蘭文
化出版社，2013〔民101〕
目 2+110 面；19×26 公分
（古典文獻研究輯刊 十七編；第 1 冊）
ISBN：978-986-322-425-9（精裝）
1. 國語　2. 注釋
011.08　　　　　　　　　　　　　　　　102014837

ISBN-978-986-322-425-9

9 789863 224259

古典文獻研究輯刊
十七編　第一冊　　　　　　ISBN：978-986-322-425-9

## 《國語集解》訂補

| 作　　者 | 戎輝兵 |
| --- | --- |
| 主　　編 | 潘美月　杜潔祥 |
| 總 編 輯 | 杜潔祥 |
| 企劃出版 | 北京大學文化資源研究中心 |
| 出　　版 | 花木蘭文化出版社 |
| 發 行 所 | 花木蘭文化出版社 |
| 發 行 人 | 高小娟 |
| 聯絡地址 | 235 新北市中和區中安街七二號十三樓 |
| | 電話：02-2923-1455／傳真：02-2923-1452 |
| 網　　址 | http://www.huamulan.tw 信箱 sut81518@gmail.com |
| 印　　刷 | 普羅文化出版廣告事業 |
| 初　　版 | 2013 年 9 月 |
| 定　　價 | 十七編 20 冊（精裝）新台幣 31,000 元 |

# 《十七編》總目

編輯部　編

# 《古典文獻研究輯刊》十七編　書目

# 《十七編》各書作者簡介・提要・目次

## 第一冊 《國語集解》訂補

### 作者簡介

戎輝兵，男，漢族，1974 年生，江蘇金壇人。自幼喜好中國古代文史。本科、碩士、博士階段，均就讀於南京師範大學古典文獻學專業，主要從事先秦秦漢經部文獻、史傳文獻和出土文獻的整理研究工作。

現任教金陵科技學院古典文獻學系，主要擔任《文字學》、《中國古典文獻學》等課程的教學工作。近年來，受點校本「二十四史」及《清史稿》修訂工程工作委員會、中華書局之聘，參加了國家級重大古籍整理項目 點校本「二十四史」及《清史稿》修訂工程，負責《漢書》的八表整理修訂工作。

### 提　要

本文由「緒論」和「訂補」兩部分組成。「緒論」主要討論了《國語》的作者、成書年代問題，交代了《國語》流布、研究與版本情況及《〈國語集解〉訂補》一文的緣起、重點、研究方法。本文的主體部分「訂補」，重點針對徐元誥《國語集解》在《國語》正文文字和注解兩方面存在的粗疏和不足，以前人研究成果爲基礎，遵循傳統的乾嘉學派小學考據方法，參校明道、公序二本，以校勘、訓詁爲手段，以《國語》本書爲內證，以其他相關典籍及相關出土文獻爲佐證，以校詁札記的形式，對《國語集解》作校訂、補充。

### 目　次

# 第二冊　皇甫謐《高士傳》注釋全譯

## 作者簡介

　　雷恩海，1969 年生，1996 年考入復旦大學中國文學系，師從蔣凡教授，攻讀中國文學批評史，1999 年畢業，獲文學博士學位；同年，入蘇州大學博士後流動站，在嚴迪昌教授的指導下，研治中國詩學，2001 年出站。現爲蘭州大學教授，博士生導師，主要從事中國文學批評史、中國古代文學、思想史的教學與研究。

## 提　要

　　皇甫謐乃魏晉之際著名隱士、學者、文學家，一生勤學不怠，博綜典籍，無不通曉，勤於著述；精通醫學，乃中華針灸學的奠基者，有《針灸甲乙經》等傳世。皇甫謐篤於道義，守道自持，不徼聲名，不慕勢利，淡泊從容，謙退廉讓，希慕隱逸高士，認爲高讓之士，王政所先，承擔著屬濁揚貪之務，故而收拾前代遺文，探錄近世，作《高士傳》，期望影響於社會風尚。

　　《高士傳》版本流傳，情況較爲複雜，在流傳過程中屢有分合竄亂，已不可詳究。此次整理，以《叢書集成初編》本所收吳琯《古今逸史》本爲底本，參考眾本，擇善而從。清人錢熙祚及近人王仁俊、羅振玉等皆曾輯其佚文，此

次亦重新訂正，並按時代次序排列，以與正文條目一致。注釋，重在解釋典章名物、地名，以及一些重要的語辭。注重將《高士傳》的文獻來源摘要錄出，以見其淵源所自。同時，迻錄散見於《藝文類聚》、《太平御覽》之嵇康《聖賢高士傳贊》的佚文，列於相關條目之下，並參考戴明揚《嵇康集校注》所附佚文，以期見出其時特殊的社會風尚。翻譯，則力求簡明，也注意古代漢語一些特殊的表達方式和語言習慣，以便於對原文的理解，而一般不採用意譯。之所以這樣做，目的則在於能夠提供一個有一定學術性、便於普及的本子。

# 目　次

# 第三冊　仇兆鰲年譜點校、注釋及整理研究

**作者簡介**

吳淑玲教授，古代文學博士，其博士學位論文是《仇兆鰲及其〈杜詩詳注〉研究》，已出版《〈杜詩詳注〉研究》、《古代小說家的主體意識》、《古代文學家的藝術特質》等學術著作 3 部，承擔國家社科項目 2 項，在《文學遺產》、《光明日報》等刊物發表學術論文 50 餘篇。

韓成武教授，原河北大學古代文學博士生導師，現任鄭州成功財經學院杜甫研究所所長。中國杜甫研究會副會長，出版杜甫系列研究專著 5 部；同時，在古籍整理方面有多年的從事經驗，曾主持點校《唐詩鼓吹評注》、點校《杜律啓蒙》、點校《杜工部詩集輯注》，均已出版，並受到學界好評。發表學術論文百餘篇。

饒國慶，天一閣博物館典藏部主任，副研究館員，撰有《天一閣珍藏系列・印章》、《天一閣國家珍貴古籍名錄》、《伏跗室藏書目錄》等書籍。主要從事天一閣及中國藏書文化研究。

**提　要**

《滄柱公年譜》（《尚友堂年譜》）是清代學者仇兆鰲的自訂年譜。

仇兆鰲（1638～1717），浙江省鄞縣人，康熙二十四年（1865）進士，歷任翰林院庶吉士、翰林院編修、左春坊左贊善兼翰林院檢討、侍講學士、內閣學士兼禮部侍郎、吏部右侍郎兼翰林院學士等職。清代著名學者黃宗羲的十八高弟之一，清代集大成的杜詩學著作《杜詩詳注》的作者。其自訂年譜海內稀見，現知國內僅存兩部。一部藏於北京中華書局圖書館，名爲《尚友堂年譜》，已經封存，筆者因年譜點校之需要，有幸閱讀。一部藏於浙江寧波天一閣博物館，名爲《滄柱公年譜》，爲咸豐年間抄本，本次點校，得天一閣博物館幫助，得以抄錄並複印數頁。此次整理仇兆鰲年譜所用底本，乃筆者所見天一閣藏咸豐年間抄本，爲馮貞群跗伏室藏書。

《滄柱公年譜》（《尚友堂年譜》）是清代著名學者、浙東學派的中堅人物仇兆鰲的自訂年譜，該年譜爲仇兆鰲親自寫定，記錄其出身、家事、履歷、交往、治學思想及時代背景十分詳盡。一直是海內外杜詩學者十分關注並渴望一見的著作。這與仇兆鰲在清代的學術地位直接相關。仇兆鰲的《杜詩詳注》是研究杜甫詩歌的集大成著作，是杜詩學界同仁的必備書籍，另外，他在清代經學、史學、道學領域也具有重要的影響。其年譜對於認識其生平、思想十分重要，對於認識仇氏《杜詩詳注》的注杜指導思想、學術皈依、研究方法等，對於認識其經學、史學、道學的學術歷程，都具有至關重要的意義。本書稿是首次對《滄柱公年譜》（《尚友堂年譜》）抄本進行的點校和研究，以現存於寧波市天一閣博物館的抄本作爲底本，以現存於中華書局圖書館的《尚友堂年譜》抄本爲參校本。國內尚無人做相關工作。其特點在於首創性，注釋的詳盡性，集點校、注釋、研究於一體的綜合性。

## 目　次

# 第四、五冊　天一閣明代文獻研究

## 作者簡介

　　柯亞莉（1981～），女，湖北大冶人，浙江大學中國古典文獻學專業畢業，文學博士，現任職於燕山大學出版社，主要從事藏書史、明代文獻研究，在《文獻》、《書目季刊》、《天一閣文叢》等刊物發表論文十餘篇，整理點校《吳百朋集》（中華書局待版）一部。

## 提　要

　　中國古代藏書家和藏書樓在保存文獻、促進學術和傳播文化方面起到了

重要作用。寧波范氏天一閣是我國現存最古老的私家藏書樓,足稱藏書家之巨擘。本文選取天一閣藏明代文獻爲研究對象,重點是爲了突出其學術史和文化史上的價值與意義。

論文分五章。第一章考述天一閣創建者范欽的從政簡史和交遊情況,在此基礎上指出,范欽藏書以實用經世爲旨歸,所藏書很多來自友朋贈送或向友朋索取,范氏藏書樓建成於隆慶五年(1571),直至萬曆二、三年間(1574～1575)才正式命名。第二章和第三章闡述天一閣藏明代文獻的主要內容,即奏議類、政書類、傳記類、地理類、科舉文獻和明人文集等六類,並舉出百餘種明代文獻撰寫提要。第四章總結天一閣藏明代文獻的學術價值主要是史料研究和實用參考價值;其明刻本和明抄本涵蓋了明代各個階段和各種形態,具有重要的版本學意義;天一閣世代藏書,且與清初學術文化互動,其價值與意義將進一步發揚光大。第五章追蹤考察天一閣藏書散出的三條線索,得出結論天一閣舊藏以今臺灣和國家圖書館收的最多,並根據見聞製出天一閣原藏明代文獻在今天各圖書館的庋藏情況表。

作者立足原始文獻,將稽史料與實地考查相結合,運用歷史學與文獻學的研究方法,在天一閣研究、中國藏書史研究和明史研究等方面做出了一些有益的探索。

# 目　次

# 第六冊　漢書考校——以中華書局點校本爲中心

## 作者簡介

　　謝秉洪，男，1964 年 8 月生，江蘇省宜興市人。文學博士。1987 年畢業於南京師範大學中文系古文獻專業，留校工作至今。先後供職於南京師範大學古籍所、南京師範大學《文教資料》編輯部、南京師範大學《文學院學報》編輯部，現爲南京師範大學文學院副教授。主要從事中國古典文獻學的教學，研究方向爲史部文獻研究。曾參編《文獻學辭典》（江西教育出版社，1991 年出版）、《歷代文言小說鑒賞辭典》（江蘇文藝出版社，1991 年出版）、《中國古代名物大典》（濟南出版社，1993 年出版）、《江蘇藝文志》（十卷本，江蘇人民出版社，1994 年起陸續出版）、《江蘇出版人物志》（江蘇人民出版社，1995 年出版）、《古本戲曲劇目提要》（文化藝術出版社，1997 年出版）、《〈全宋詞〉全注》（學苑出版社，1998 年出版）、《中國歷代詩話總編》（宋代卷，江蘇古籍出版社，1998 年出版）、《中國歷代僧詩集》（清代卷，當代中國出版社，1999 年出版）、《隨園師魂》（南京師範大學出版社，2002 年出版）、《中國古代文學作品選》（高等教育出版社，2003 年出版）等；合作出版《十三經今注今譯》（嶽麓書社，1994 年出版）、《柳河東全集今譯》（北京燕山出版社，1996 年出版）、《周易禪解》（廣陵書社，2006 年出版）等；編著有《漢書》（注評，

鳳凰出版社，2011 年出版）等。發表論文數十篇。目前正在參與點校本「二十四史」及《清史稿》修訂工程，擔任《漢書》修訂組成員。

## 提　要

　　古籍考校研究，是從事學術研究特別是古代典籍研究的起點，一直是古籍整理研究領域中的重要課題。本文以享有盛譽的中華書局點校本《漢書》爲中心，從古籍整理學的角度出發，綜合運用校勘學、版本學、語言學和文化史等方面的知識，參考相關資料，對《漢書》進行較爲系統的考校研究。它是《漢書》文獻學的重要內容之一，同時也是構成「漢書學」的基本內容，實際上是《漢書》研究的一項最重要的基礎性工作。

　　本文論述了《漢書》考校研究的意義，探討了《漢書》考校研究的歷史和現狀；通過中華書局點校本與底本王先謙《補注》本的重新覆校，舉例說明點校本存在的徑改、徑增、徑刪等諸多不合古籍整理規範的暗改現象，分析了點校本在學術成果吸收及文字校勘處理方面存在的一些疏漏與不足，供大家討論。

　　本文認爲，中華書局點校本《漢書》確實存在著底本校對不精，某些文字處理不合古籍整理規範，漏校、誤校、誤排不少，已有研究成果吸收不夠，多據殿本暗改底本，標點可商之處不少等一系列問題。因此，有必要在古籍整理理論和科學方法的指導下，充分利用現代化手段，對已有研究成果進行較爲全面的梳理鑒別，正本清源，求實存眞，對《漢書》文本重新進行較爲全面的宏觀考察和微觀分析，探討其中存在的史料、底本、校勘、標點等各種問題，爲今後編纂《漢書》新整理本做一些基礎性工作，爲今後開展全面的《漢書》異文研究積累資料。這是新世紀《漢書》整理研究工作向縱深發展並爭取獲得突破性進展的需要，也是豐富古籍整理學基礎理論特別是完善校勘研究理論的需要。21 世紀需要更加科學嚴密、更能體現當代「漢書學」研究水準的《漢書》新校本。

## 目　次

# 第七、八冊　《水經注》研究

## 作者簡介

　　方麗娜，高雄師範大學教授。專長：漢語語法學、漢語詞彙學、華語文教材教法、華人社會與文化。經歷：高雄師範大學華語文教學研究所所長、高雄師範大學語文教學中心主任、教育部國語推行委員會常務委員兼華語組主任、美國夏威夷大學訪問學者、新加坡南洋理工大學國立教育學院客座、臺灣華語文教學學會理事、秘書長。著作：《水經注研究》、《西周金文虛詞研究》、《漢代小學教科書研究》、《華人社會與文化》和《現代漢語詞彙教學研究》等。

## 提　要

　　本文旨在探究《水經注》撰作之緣起，歷代刊刻研究之梗概，揭櫫酈注之學術價值，俾知酈道元隨經抒述，掇籍宏鋪，豈曰水經之詁釋，實所以粉飾漏闕，銓次疆隅，乃相濟而為編者也。

　　全編論文約四十三萬字，分十章二十八節。

　　首章「緒論」，概述個人研究之動機，取材之範圍，撰述之方法，與章節順序之安排等等。

　　第二章「酈道元傳略」，茲就生平事蹟與時代背景兩項，分別闡述，庶幾知人論世，察文見意也。

　　第三章「水經注創作之緣起」，釐為四節，蓋凡作者抱負之抒發，山水文學之承衍，駢文麗辭之影響，山川地記之流行等等，皆為道元撰注之內因外緣也。

　　第四章「歷代水經注刊刻研究概說」，依時代先後，說明版本之傳承，付梓之情況，及學者一己之所得，藉見歷代水經注研究之大凡焉。

　　第五章「水經注之寫景藝術」，分摹景方式、裁章技巧及修辭要例等三節，探索水經注置辭屬采之道，俾見道元為文，模山範水，惟妙惟肖，寫意傳神，精巧雋永，儒雅雍容，萬流仰鏡，實為寫景文章之模範也。

　　第六章至第八章「水經注之評價」，依地學、經學、史學、子學與文學等等，闡述酈注之學術價值，其重點在：古方輿學之鍵轄、地望釋名之祖庭、治經徵史之鴻寶、金石碑銘之珍藪、語言研究之珠澤、經注義疏之翹楚、神話舊聞之薈萃、岩畫藝術之淵海、歌謠諺語之集錦等等。

　　第九章「水經注之影響」，專就輿地學派與辭章學派言之，以尋繹水經注於後世之影響。

　　第十章「結論」，綜言本文研究之成果，兼及今後酈學之展望也。

# 目　次

# 第九冊 《洛陽伽藍記》研究

## 作者簡介

　　吳晶，生於 1980 年，浙江台州人。2006 年畢業於南京師範大學文學院，師從王青教授，獲碩士學位。2009 年畢業於南京大學文學院，師從曹虹教授，獲博士學位。本書是博士論文《洛陽伽藍記研究》基礎上修訂完成。現任職於台州學院教師教育學院，承擔《中國古代文學》等課程教學，主要從事魏晉南北朝文學、思想、佛教研究。在《文學遺產》、《西域研究》、《浙江學刊》等刊物發表論文多篇。

## 提　要

　　《洛陽伽藍記》作爲北朝文學名著，與《水經注》、《顏氏家訓》並稱「北朝三書」。本書的研究在明清以後逐漸興起，本書主要從文獻、佛教、史學、文學四方面展開討論。

　　第一章考論此書體例與版本。通過對陳寅恪「合本子注」說的辨正，指出這個概念實等同於「合本」，《洛陽伽藍記》僅第五卷符合「合本」體例。重新分析《史通‧補注篇》，並以《法苑珠林》所引《洛陽伽藍記》爲例，說明本書並非子注體，文風具有枝蔓的特點。版本方面，通過發掘汲古閣本《說郛》，指出《說郛》本《洛陽伽藍記》是本書兩大系統分離前更早版本，《說郛》應在《洛陽伽藍記》版本譜系中佔有獨特地位。

　　第二章觀照佛教史視野中的《洛陽伽藍記》。通過對崇眞寺條惠凝冥遊故事的分析，指出北朝義學並未衰落，該故事是佛教內部人士所發出的整肅聲音。楊衒之並不反佛，但他主張沙門拜俗觀點，使持相反立場的道宣將他列入反佛陣營。本書所記佛教志怪與「釋氏輔教之書」有近似的寫作意圖，但在形式和結構上打破了後者的固有模式。楊衒之的宗教情感是與其家國之思緊密結合的，書中對洛陽寺廟保存之念多過批判之意。

　　第三章追究此書的史學價值。《洛陽伽藍記》的歷史記錄可補正史之不足，其記北魏社會生活畫卷，尤爲研究中古民間社會生活的重要史料。以青齊士風爲例，說明其俗難治的形成原因。史學思想上，楊衒之以曲折之筆批評莊帝的權力欲望，以記錄元徽、劉宣明事表達對正史歪曲事實的不滿。楊氏慣引《周易》評史，與當時史學風氣一致。第五卷之《宋雲惠生行紀》向

為中外學者所關注，筆者重點討論了《行紀》的文本構成，指出余太山認為《惠生行紀》在文中不存在的觀點並不可靠，《惠生行記》才是《行紀》的構成主體。

第四章衡定此書的文學成就。將「穠麗秀逸」分作「穠麗」和「秀逸」分別加以探討，楊衒之通過對漢大賦的吸收和揚棄，最終將兩種風格成功統一。本書常以「京師遷鄴」作結，造成語意結構的對立，曲折表達故國之思。推測楊氏寫作情境，指出其在寫作中多取資於地志、辭賦、雜史等作品，非皆由實地考察。京都賦在語言、地理、虛實安排等方面都對《洛陽伽藍記》產生了深遠影響。北朝文人多學南方，楊衒之也不例外。楊氏對南人的貶斥，與其對北朝文學的寬容相表裏。書中對北朝文學各種史料兼收並蓄，堪稱一部北朝文學的微型資料庫。

## 目　次

# 第十冊　元代國外題材筆記研究

## 作者簡介

黃雲生，男，河北工業大學人文與法律學院中文系教師，講授《大學語文》、《中國古代文學史》等課程。1975 年生於江西新余。1993～1997 年就讀於中國人民大學統計學系，獲經濟學學士學位。1997～2004 年就職於中國電子信息產業發展研究院，從事市場研究與文字編輯工作。2006～2009 年就讀於北京師範大學文學院，師從李眞瑜先生，獲文學碩士學位。2009～2012 年就讀於北京師範大學古籍與傳統文化研究院，師從楊鐮先生，獲文學博士學位。有專著《可以享受的寂寞》（朝華出版社），名著改編本《紅樓夢》（時代文藝出版社）、《長生殿》（第二作者）、《桃花扇》（第二作者）等。

## 提　要

「元代國外題材筆記研究」這一選題，研究對象是創作於元代的以外國爲主要敘寫對象，或者以作者在國外的活動爲主要敘寫內容的漢文文史筆記作品。在元代，這種筆記作品主要有《眞臘風土記》、《安南志略》、《島夷志略》、《異域志》、《安南行記》、《元高麗紀事》、《皇元征緬錄》等幾部。《元代國外題材筆記研究》結合筆記的文體特徵與歷史發展，在研究元代筆記基本情況的基礎上，通過對元代國外題材筆記的傳藏、版本、作者、創作情況、內容、影響的研究，系統概括出元代國外題材筆記的基本面貌，並同時探討了與此有關的一些具體問題。本研究的主要目的是通過對於元代國外題材筆記相關問題的研究，爲元代筆記研究提供一種補充，爲元代遊記地理類筆記、風土人情類筆記的總體研究提供一個開端。

作爲本研究的一個理論基礎工作，本論文探討了筆記的一些總體問題，特別是筆記的概念與分類標準問題。論文由此進一步分析了筆記的選擇範圍、文體特徵、研究情況等。

作爲本研究的一個背景分析工作，本論文探析了元代筆記的相關問題。這些問題主要包括元代筆記的發展背景、歷史地位、發展特點、發展概況、研究情況等內容。研究認爲，元代筆記在宋、明筆記之間起著重要的傳承作用，同時又具有自身的特點。特點之一是：遊歷風土類筆記的大量出現，是筆記這一文體發展到元代而產生的一個新現象。而國外題材筆記，則是遊歷風土類筆記的一個重要類別。

作為本研究的一個主要工作，本論文系統研究了元代國外題材筆記的相關問題，研究內容和力圖表現的特色與創新之處主要有以下幾個方面：

（1）詳細系統地梳理筆記的定義與分類標準問題，並提出了作者的觀點。

（2）元代國外題材筆記的傳藏與版本分析。

（3）元代國外題材筆記的內容與影響分析。

同時，本論文還研究了與元代國外題材筆記有關的一些具體問題。有的問題前人已有基本定論，本論文加以彙總分析，如《真臘風土記》版本研究；有的問題前人僅有初步研究成果，本論文在吸收前人觀點的基礎上儘量加以進一步探討，如《安南志略》版本研究；有的問題前人基本沒有涉及，本論文則進行力所能及的研究嘗試，如已佚元代國外題材筆記的研究。

# 目　次

# 第十一冊　尤侗年譜長編

## 作者簡介

　　徐坤（1977～），女，湖北陽新人，文學博士，副教授，主要研究方向爲文藝理論。多年求學，輾轉湖北與滬上，2010～2011 年赴美國威斯康星大學麥迪遜分校（UW-Madison）訪問研修。自 2006 年於華東師範大學中文系博士畢業留校，在華東師範大學傳播學院任教至今。目前已著有《尤侗研究》、《梨花帶雨——生旦淨末丑的乾坤》（合著）等，並在《華東師範大學學報》、《求是學刊》、《當代電影》等核心期刊發表論文多篇。

## 提　要

　　尤侗（1618～1704）字展成，一字同人，早年曾自號三中子，一號悔庵，晚號艮齋、西堂老人、梅花道人與鶴棲老人等，江南長洲（今江蘇蘇州）人。作爲清前期頗負聲名的文壇眞才子（順治帝語）與藝苑「老名士」（康熙帝語），尤侗名重一時，在詩、文、詞、曲等多個領域均有成就，現存《西堂全集》、《西堂餘集》、《鶴棲堂稿》等共一百四十二卷，「著書之多，同時毛奇齡外，甚罕其匹」（鄧之誠《清詩紀事初編》）。尤侗由明入清，一生幾乎貫穿自萬曆至康熙的六個朝代，命運遭際起伏，生平交遊廣泛，可謂明清之際朝代更迭、

社會變遷與民心士風演換歷史的親歷者與見證人。尤侗有自撰之《悔庵年譜》，惜內容過於簡略，且諸多細節因其年事已高著筆等因，其中難免偶見錯訛。本年譜在編撰思路上，以《悔庵年譜》爲底本，以尤侗自著爲憑據，旁徵尤侗眾親友、交遊之別集、年譜，同時佐之以史書、方志、家譜等；在內容上，著重考述尤侗的家世、生平、著述與交遊，並對明清易代之時事政治狀況、士子群體面貌與複雜的社會關係等作出一定的觀照；在考證方法上，以客觀事實材料爲憑據，通過對資料的彙集、梳理與排比等來說明情況，必要之處適當作以分析。

# 目　次

# 第十二冊　《舊檔》史料在《實錄》、《老檔》中的流傳
## ——1626前滿蒙關係史料比較研究

## 作者簡介

敖拉、史學博士、教授。1964 年 8 月 23 日出生在內蒙古赤峰市阿魯科爾旗紮斯台蘇木。土默特蒙古人。內蒙古師範大學讀本科、內蒙古大學蒙古史研究所讀碩士、博士研究生。現內蒙古赤峰學院任教，任蒙古歷史專業主任、蒙古文史學院副院長等職。

發表學術論文四十多篇。主持完成了國家哲學社會科學基金項目：《舊檔》史料在《老檔》、《實錄》中的流傳——1626 年前滿蒙關係史料比較研究，批號：06xzs004。赤峰學院引進人才基金項目：《清代翁牛特部落研究》。正在主持國家哲學社會科學基金項目：《明末清初遼河流域人文地理變遷史研究》，批號：11xzs016。參與教育部項目一項。出版學術專著有《滿蒙關係史料研究》2008 年，《清代翁牛特部歷史文化》（《翁牛特旗文史資料集》主編 2011 年），蒙文高等院校教材《北方民族史》（主編 2012 年）。

## 提　要

本書首先說明清初「滿蒙關係」史料及研究概況。觀察國內外學者對這一問題或相關問題以及滿蒙關係史料研究概況加以分析。

說明三方面問題（1）清初滿蒙關係及史料；（2）《舊滿洲檔》、《滿文老檔》、《清太祖實錄》整理與研究概況；（3）《舊滿洲檔》、《清太祖武皇帝實錄》、《滿文老檔》的研究意義和重點問題。

第二，《清太祖武皇帝實錄》與《舊滿洲檔》史料比較。《舊滿洲檔》、《清

太祖武皇帝實錄》兩部史料中的相關內容進行挑選，按時間順序列出，並拉丁轉寫和翻譯，比較它們間的異同，對人物事件進行考證。

主要以蒙古三個部來比較（1）有關喀爾喀部史料之比較；（2）有關科爾沁部史料之比較；（3）有關察哈爾部史料之比較。

第三、《舊滿洲檔》與《滿文老檔》中滿蒙關係史料的流傳。主要對《舊滿洲檔》、《清太祖武皇帝實錄》、兩部史料中的相關內容進行挑選，按時間順序列出，並拉丁轉寫和翻譯，比較它們間的異同，對人物事件進行考證。《舊滿洲檔》、《滿文老檔》兩部資料的史料價值以及它們之間關係的進行分析。

主要以蒙古三個部來比較。（1）內喀爾喀部史料在《舊滿洲檔》與《滿文老檔》中的流傳。（2）科爾沁部史料在《舊滿洲檔》與《滿文老檔》中的流傳。（3）察哈爾部史料在《舊滿洲檔》與《滿文老檔》中的流傳。

第四、主要對《舊滿洲檔》、《清太祖武皇帝實錄》、《滿文老檔》三部史料的史料價值以及它們之間關係的進行分析。

說明了五個方面的問題（1）《舊滿洲檔》、初纂《太祖實錄》的編寫及相關問題。（2）初纂《太祖實錄》與《武皇帝實錄》、《滿洲實錄》間的關係。（3）《太祖實錄》其他文本的編纂概況及相關問題。（4）《滿文老檔》的編寫概況。（5）《舊滿洲檔》、《武皇帝實錄》、《滿文老檔》評述。

第五、對該文進行全面總結，研究中得到的體會。

# 目　次

# 第十三冊 《新序》《說苑》文獻研究

## 作者簡介

　　姚娟，女，湖北省荊州市人。中國古典文獻學博士，師從於華中師範大學文學院博士生導師王齊洲教授，現爲武漢東湖學院傳媒與藝術設計學院副教授、副院長。作者熱愛中國傳統文化，致力於中國古典文獻學研究，在華中師範大學文學院攻讀博士學位期間，承蒙王齊洲、張三夕、高華平三位恩師提攜，勤奮學習，刻苦鑽研，發表與先秦文獻古籍整理有關論文十多篇，多次獲得獎學金，博士論文被評爲校級優秀論文，同時獲得優秀博士畢業生稱號。

## 提　要

　　《新序》《說苑》是西漢學者劉向（前 79 年～前 8 年）的兩部作品。二書體例特殊、主旨相似，在著作體例、成書年代、材料來源與編撰方式、材料的眞實度上一直存在爭議。前人在鑒別版本、校勘文字、字詞注釋、輯佚、史實考辨等文獻整理方面做了大量工作，以此爲基礎，本文對《新序》《說苑》二書文獻進行比較研究，同時將二書與傳世文獻、出土文獻相結合，進行全面具體的分析，力圖揭示《新序》《說苑》的文獻來源與文獻價值。

　　緒論：綜述《新序》《說苑》文獻研究現狀，確定本文研究的範圍與重點。

　　第一章是關於《新序》《說苑》二書文獻的研究。考證《新序》《說苑》的成書與流傳，《說苑敘錄》的真偽，對二書中重複文獻進行界定並分析其特點，總結前人的輯佚情況並做出自己的判斷與分析。

　　第二章是關於二書與《孔子家語》互見文獻研究。在對二書互見文獻統計的基礎上，重點分析了《說苑》與《孔子家語》的關係，得出《說苑》與今本《孔子家語》互見文獻皆來自古本《孔子家語》，今本《孔子家語》並非偽書的結論。

　　第三章是關於二書與《韓詩外傳》互見文獻研究。根據二書引用《韓詩外傳》文獻的數量與改動方式，得出《新序》以結尾句歸類文獻、二書與《韓詩外傳》分別有著儒道兩種思想傾向、《新序》與《說苑》有著不同的節士觀的結論。

　　第四章是關於二書與《呂氏春秋》互見文獻研究。統計二書與《呂氏春秋》互見文獻數量，考察二書與《呂氏春秋》文獻的思想共同點，瞭解到《新序》《說苑》因體例不同對處理引用文獻方式的影響。

　　第五章是關於二書與《左傳》等四部史書互見文獻研究。分析了二書與四部史書互見文獻的情況，二書與《左傳》文獻本事相同，文字大異，應屬於不同文本系統的說類歷史故事；《新序》注重《戰國策》與《史記》中反映春秋戰國辯士風采的故事，沒有引《國語》文獻。

　　第六章是關於二書與其它書籍文獻研究。與《大戴禮記》、《禮記》、《晏子春秋》、《荀子》、《韓非子》、《賈誼》、《淮南子》等七部書籍的互見文獻分析，發現除《晏子春秋》為《說苑》所引，其他六部書不一定是二書的文獻來源。

　　第七章是關於二書與出土文獻的研究，出土文獻主要為定縣八角廊漢簡《儒家者言》和阜陽雙古堆漢簡中的一號木牘、二號木牘、殘簡《說類雜事》。經過文字比較後，得出以下結論：《說苑》與出土文獻相近，文字更原始，《孔子家語》則有著重組、加工的痕。《說苑》以出土文獻為底本，通過分篇標目、增刪評語的方法，使之成為主旨明晰的新書。

　　本文的結論是：就二書關係而言，二者成書於不同時間，主旨、引書皆有同有異；《說苑》與今本《孔子家語》互見文獻來自古本《孔子家語》，《孔子家語》並非偽書；二書在引《韓詩外傳》與《呂氏春秋》文獻時，通過改

變結尾議論來凸顯儒家政治理想。二書與《左傳》《國語》《戰國策》《史記》等史書的歷史故事多來自不同的文本。

# 目　次

# 第十四冊 明代宋詩總集研究

## 作者簡介

張波,女,1983 年生,山西太原人。2002 年 9 月至 2006 年 6 月就讀於山西大學文學院,獲學士學位。2006 年 9 月至 2011 年 6 月就讀於中山大學中文系,先後獲文學碩士、博士學位。現為中國國家圖書館博士後科研工作站博士後,主要研究方向為明清詩學批評與詩歌文獻。

## 提 要

本書對明人編選的宋詩總集進行了系統研究。在梳理明人宋詩觀念和明代宋詩文獻存佚情況的基礎上,重點考察了三部宋詩總集:針對嘉靖年間李攀龍為代表的後七子倡言復古導致的宗唐摒宋之風,李用十三年時間編成《宋藝圃集》,其選詩特徵反映出對宗唐詩學審美的有意背離,是一部詩學傾向鮮明的宋詩總集。產生於萬曆年間的《宋元名家詩集》由新安士子潘是仁輯刻,其選錄風格注重隱逸、閒適、雅韻的情調,透露出明代晚期以新安為代表的富庶地區所具有的世俗文化品格,體現出布衣文士的詩學趣味。曹學佺《石倉歷代詩選》的宋詩部分以大量選錄南北宋之交和南宋末的詩人作品為特色,作為一名身處帝國傾覆之際,意欲有所作為的士大夫,曹學佺對宋代名臣詩與遺民詩的關注,說明宋詩所具有的忠節大義的精神特質成為明清之際

詩歌接受的新維度。

　　本書將宋詩總集的編纂這一學術行爲置於明代詩學發展歷程中，通過考證編者的生平交遊與論詩傾向解讀其編選宋詩的原因和目的；通過對選錄詩人與入選詩作的量化分析與不同詩選間的比較研究揭示文本細節中蘊含的詩學特質，希望由此呈現宋詩總集的編選與詩歌創作實踐和詩學理論的交互影響，並藉以探究明末清初宋詩觀念的嬗變。

# 目　次

# 第十五冊　陳確《葬書》之研究

## 作者簡介

孫廣海，祖籍廣東潮安，1952 年出生於香港。半工半讀完成中學教育和研究院課程。先後在香港中文大學中國語言文學系（74～78）、香港中文大學教育學院（83～85）、香港大學中文系研究院接受教育。研究院明清史學文學碩士論文〈柯維騏宋史觀發微〉，師承趙令揚教授（81～83）；哲學碩士論文〈陳確《葬書》之研究〉，師承何佑森教授（1931～2008；88～94）；哲學博士論文〈阮元學術思想研究〉，師承梁紹傑教授（95～02）。

歷任中學中文科老師、中文科主任講席 32 年；現為香港公開大學教育及語文學院兼職導師、客席講師、課程編撰。論文有〈阮元研究回顧〉、〈阮元揅經室遺文再續輯補〉、〈由羅香林《香港與中西文化交流》說起的一件學術界公案：日治淪陷期（1941～42）誰人繼任香港大學中文系主任？〉、〈四十五年來（1962～2007）中國大陸的胡適研究〉、〈胡適傳記文學的理論和實踐〉等篇。

研究興趣包括：漢字學、詞匯學、文體學、中國語文教學、古代歷史文化、古典文獻研究、清代學術思想、文學研究等。未來亦會關注百年以來香港的儒學史和學者之研究。

## 提　要

全文首章介紹陳確的生平、著述和學術宗旨，次章介紹陳確的思想背景與學術淵源，屬外緣之分析。

三章綜論《葬書》的背景，包括中國歷代的喪葬禮俗，以及宋代至清代有關喪葬禮俗的著述。

四章分析《葬書》的宗旨和寫作動機。陳確撰作是書的動機包括變通古禮、提倡孝道、攻葬師、駁斥風水以及拯救人心風俗。《葬書》的宗旨則為諷世勵俗，刻書以救世；批判葬師，求實理實益；言葬綱領，主族葬、深葬和儉葬。

五章分析《葬書》全書的內容，言葬綱領為「及時、族葬、深埋、實築」；六字葬法是「時、近、合、深、實、儉」。以上三章，屬內緣之分析。

六章概述《葬書》的影響及評價，七章為全文之總結。

## 目　次

# 第十六冊　《制義叢話》研究

## 作者簡介

蔡榮昌，民國三十五年生於嘉義縣布袋鎮。民國五十四年畢業於國立台灣師範大學國文系，民國六十八年畢業於省立高雄師範學院國文研究所碩士班。民國七十六年畢業於中國文化大學中國文學研究所博士班。擔任過高中教師，大專教師。著有《作文教學探究》，《制義叢話研究》。

## 提　要

《制義叢話》是一本有關八股文的重要作品，同時也是一本「明宗旨，紀遇合，別體裁，考典制」的集大成之作，為梁章鉅於道光己亥年（六十五歲）時所纂輯，全書共分二十四卷，其內容在其〈例言〉中已有詳細的說明。

八股文為明清科舉取士的主要文體，作者認為自古以來，舉凡詩、文、

詞、賦皆有「話」，唯獨制義無「話」，其實並非無話，而是無好事者爲之薈萃成書。於是考證舊聞，觸發新意，薈萃前人相關之論述，彙編成冊。

　　本書是參考阮元《四書文話》而編纂成的，對於八股源流正變，盛衰升降等問題加以討論，尤其難能可貴的是書中引用與八股文相關的著作無數，爲後代留下相當多的八股史料。篇末更附以〈題名〉，以便於後之研究者查考時一目瞭然。

　　本研究就《制義叢話》所錄相關資料，參稽舊說，探討八股文的起源、結構，及其與科舉的關係。然後與《明清進士題名碑錄索引》、《明代登科錄彙編》詳細核對，依各家成進士的先後加以分期，說明文風派別的沿革演變，再爬梳書中所錄的八股掌故，藉以明瞭傳統士人的應考生活，最後再將全書及其他書中有關八股文的文獻彙聚成篇，希望對將來的研究者有所幫助。

## 目　　次

# 第十七、十八冊　趙翼研究資料彙編

## 作者簡介

　　趙興勤，1949 年 7 月生，江蘇沛縣人，江蘇師範大學文學院教授，中國古代文學、戲劇戲曲學研究生導師。兼任中國元好問學會理事、中國《金瓶梅》研究會（籌）理事，江蘇省明清小說研究會副會長、《西遊記》研究分會常務理事、常州市趙翼研究會副會長等職。已出版的學術著作有《古代小說與倫理》、《明清小說論稿》、《趙翼評傳》（南京大學版）、《中國古典戲曲小說考論》、《古代小說與傳統倫理》、《趙翼評傳》（江蘇人民版）、《理學思潮與世情小說》、《元遺山研究》、《話說〈封神演義〉》、《趙翼年譜長編》18 種，主編、參編《中國風俗大辭典》、《中國古代戲曲名著鑒賞辭典》等 30 餘種，在海峽兩岸發表論文 160 餘篇。

　　蔣宸，1982 年 1 月生，江蘇南京人，現爲南京大學文學院在讀博士。中國《金瓶梅》研究會（籌）會員，江蘇省明清小說研究會會員。主要研究方向爲清代戲曲與文學。本科時獲校科研課題立項資助、校「個人成就獎・學術創新獎」、校本科生優秀畢業論文等。攻讀碩士、博士學位期間，先後主持江蘇省普通高校研究生科研創新項目兩項、徐州師範大學研究生科研創新重點項目及一般項目各一項，獲徐州師範大學 2010 年度優秀研究生、2011 屆優秀畢業研究生、南京大學文學院「黃侃獎學金」等多項榮譽。近年來，已在海峽兩岸發表論文十餘篇。

　　趙韡，1981 年 4 月生，江蘇徐州人。大學二年級開始發表論文，作品散見於《民族文學研究》、《戲曲研究》、《晉陽學刊》、《東南大學學報》、《中華詩詞》、《博覽群書》、《古典文學知識》、《社會科學論壇》、《長城》、《作品與爭鳴》、《語文月刊》、《中國文化報》、《中國社會科學報》、臺灣《歷史月刊》、臺灣《書目季刊》、臺灣《戲曲研究通訊》、澳門《澳門文獻信息學刊》等兩岸三地刊物，參編（撰）《元曲鑒賞辭典》、《徐州文化博覽》等著作七種。

## 提　要

　　趙翼爲乾嘉詩壇名家，與同時期袁枚、蔣士銓相頡頏，有「三家」之稱。其在文學、史學、哲學、詩歌批評諸方面均卓有成就，值得深入探究。本書輯錄了自清乾隆朝以至上個世紀三四十年代約二百年間，有關清人趙翼的主要文獻資料，以供學術界研究時參考。該書搜求資料範圍廣闊，內容宏富，囊括族譜、年譜、實錄、方誌、叢書、別集、詩話、筆記、雜箚、碑傳、題跋以及近代學人論著、域外文集等，其中不少文獻，特別是集外文的一些篇目，爲首次發現，對於全面研究趙翼的創作與思想，具有重要的參考價值。全書按內容釐爲十一卷，這些專題板塊，俾讀者既能宏觀瞭解有關甌北研究資料的全貌，又有助於追索與該研究相關的細節問題，還爲清中葉的文人交遊群體之研究提供了史實依據，有相當的文獻資料價值。

## 目　次

陳大令賓、劉宮贊種之小飲山茶花下，即席賦贈

趙兵備詩來嘲余牡丹未開遽爾召客因走筆用原韻作四百二十字報之
　　並邀同作

趙兵備以十四日招客讌牡丹花下期以花朵絕小作詩解嘲因用原韻復
　　得五百八十字答之

端午日偶成二首，即束趙兵備

雲溪競渡十二首（其九）

趙兵備以地理數事見訪，因走筆奉答，猥蒙長篇獎假，並目為行祕
　　書，因率成四截句酬之，即戲效其體

趙兵備翼以所撰唐宋金七家詩話見示，率跋三首（附和作）

將至旌德，趙兵備翼枉詩相餞，未暇報也。山館無事，戲作長句束
　　之，並約同遊黃山

新正十九日，趙兵備翼招同莊宮允通敏、劉宮贊種之暨舅氏蔣檢討
　　蘅、湛貽堂雅集，適同年曾運使燠過訪，遂並邀入會，並詞館
　　也。兵備作三詩紀事，余依律奉答，並寄顧修撰皋、莊吉士騤
　　男、謝吉士幹是集本約三君，修撰以道阻，二吉士以屬疾，皆
　　不至

十七日消寒第七集，楊上舍槐招同趙兵備翼、莊宮允通敏、劉宮贊
　　種之、金太守棨、方明府寶昌早飯石竹山房，復至秦園茶話始
　　別，分體得五古一首

自琴溪歸里，頻日趙兵備翼、方大令寶昌聯舫約觀競渡，率賦一首，
　　即和兵備原韻

題趙兵備翼《秋山晚景》長卷

趙兵備枉贈詩有「虛名若論時長短，縱不千年亦百年」二語，爰廣
　　其意，戲簡一篇

趙兵備見示題《湖海詩傳》六截句，奉酬一首

前題趙兵備行卷有「十萬黃金詩一萬」之句，兵備復枉詩相嘲，爰
　　戲答一篇

今歲孫上舍振學九十，趙兵備翼八十，吳上舍騏七十，其弟上舍彪
　　五十，趙司馬懷玉六十，汪上舍熹、吳大令階並五十，將以二
　　月二日合宴於更生齋，並招將及八十之孫封翁勳、楊刺史奮、

# 第十九冊　戰國秦漢簡牘叢考

## 作者簡介

福田哲之，1959 年生。日本島根大學教育學部畢業，日本兵庫教育大學教育學碩士，日本大阪大學文學博士。現任日本島根大學教育學部教授。著有《文字發見歷史──20 世紀中國出土文字資料證言》（東京：二玄社，2003 年）、《說文以前小學書研究》（東京：創文社，2004 年）、《中國出土古文獻與戰國文字之研究》（臺北：萬卷樓，2005 年）及相關學術論文五十餘篇。

## 提　要

本書，爲福田哲之著《中國出土古文獻與戰國文字之研究》（萬卷樓，2005 年）論文集的續篇，收錄了前著刊行後發表的有關戰國秦漢簡牘的論考。全體由「第一部分　上博楚簡甲乙本的系譜研究」、「第二部分　上博楚簡文獻學研究」、「第三部分　漢簡《蒼頡篇》新資料的研究」、「第四部分　思想史、文字書法研究」等四部分構成。第一部分以及第二部分爲有關上海博物館藏戰國楚竹書（上博楚簡）的研究。第一部分分析在上博楚簡中佔有獨自地位的甲乙兩種文本群的系譜關係，並對其資料的性質加以考察。在第二部分中，作爲上博楚簡文獻學研究的一環，以字體分析爲中心試對殘簡進行復原，同時，通過對孔子稱謂的分析明示了〈弟子問〉在上博楚簡儒家系列文獻中的特異性。第三部分爲漢簡《蒼頡篇》的研究。以傳統資料以及近年部分公開的水泉子漢簡《蒼頡篇》、北京大學藏漢簡《蒼頡篇》等爲材料，試對漢代《蒼頡篇》的實態作初步探討。在第四部分中，從與《孟子》的關連來看清華大學藏戰國竹簡〈尹誥〉的思想史的意義，通過對戰國簡牘資料中「水」偏旁的分析來探討三點水的成立過程，通過東牌樓東漢簡牘與法帖的比較來對張芝草書的實相加以分析，來明示在思想史及文字書法研究方面戰國秦漢簡牘資料的學術價值的一端。

## 目　次

**第一部分　上博楚簡甲乙本的系譜研究**

# 第二十冊　明清域外喪禮漢籍經眼錄（續編）

## 作者簡介

　　彭衛民，中國大陸西南政法大學政治學所研究人員，在《中國史研究》（韓國）、《史學彙刊》、《學術界》、《中國社會科學文摘》、人大複印資料《明清史》、《社會科學總論》、《出版業》、《探索》、《中國圖書評論》、《中國社會科學報》、《社會科學報》等刊物發表論文三十餘篇，主持或參與國家社科基金項目、教育部人文社會科學研究項目、西南政法大學重點項目十餘項，先後獲得第七屆中國青少年科技創新獎、重慶市科技學術標兵、重慶市第二屆學術年成果二等獎等獎勵。著有《〈喪禮撮要〉箋釋》、《于心有安：昭穆、譜牒與宗法》等書。

## 提　要

　　本研究《明清域外喪禮漢籍經眼錄（續編）》（以下簡稱《續編》），為《明清域外喪禮漢籍經眼錄》（《古典文獻研究輯刊》第 16 編第 30 冊，花木蘭文

化出版社 2013 年版，以下簡稱《經眼錄》）之增補。《經眼錄》系統收錄明清以來朝鮮與日本學者所著喪禮漢籍凡 93 種，共列舉明代朝鮮學者所著喪禮漢籍 28 種，清代域外喪禮漢籍 65 種，其中朝鮮學者所著喪禮漢籍 57 種，日本學者所著喪禮漢籍 8 種。《續編》則增補喪禮漢籍 67 種（部份爲 1910 年後刊本），其中朝鮮學者所著喪禮漢籍 63 種，中國學者所著喪禮漢籍 1 種（《喪禮集要》），日本學者所著喪禮漢籍 3 種（《二禮童覽》、《家禮儀節考》、《喪令便覽》）。《續編》所用之版本，以韓國國立中央圖書館（The national library of Korea）與日本早稻田大學圖書館古籍善本書庫（Japanese&Chinese classics）之數位典藏等爲依託。《續編》仍據《經眼錄》的基本研究方法與編錄方式，同時收錄部份以「喪禮日記」爲體例的漢籍和珍稀的寫本、稿本。全書編排首以著者生活之年代爲先後，次不可考其生卒年者；首以朝鮮學者，次以日本學者。每種文獻，皆附書影，若有兩種以上版本，則相應附兩種以上書影，書影下皆記說明文字。每種文獻皆首先介紹其卷冊、版框、版心、行款、序跋、刊年、印藏等情況，次介紹其收錄喪禮條目情況，次介紹該種文獻之成書情況、學術地位、社會影響及所承載之喪禮思想，次介紹作者生平。

## 目　次

凡　例

# 《國語集解》訂補

戎輝兵　著

## 作者簡介

戎輝兵，男，漢族，1974 年生，江蘇金壇人。自幼喜好中國古代文史。本科、碩士、博士階段，均就讀於南京師範大學古典文獻學專業，主要從事先秦秦漢經部文獻、史傳文獻和出土文獻的整理研究工作。

現任教金陵科技學院古典文獻學系，主要擔任《文字學》、《中國古典文獻學》等課程的教學工作。近年來，受點校本「二十四史」及《清史稿》修訂工程工作委員會、中華書局之聘，參加了國家級重大古籍整理項目 點校本「二十四史」及《清史稿》修訂工程，負責《漢書》的八表整理修訂工作。

## 提　　要

本文由「緒論」和「訂補」兩部分組成。「緒論」主要討論了《國語》的作者、成書年代問題，交代了《國語》流布、研究與版本情況及《〈國語集解〉訂補》一文的緣起、重點、研究方法。本文的主體部分「訂補」，重點針對徐元誥《國語集解》在《國語》正文文字和注解兩方面存在的粗疏和不足，以前人研究成果為基礎，遵循傳統的乾嘉學派小學考據方法，參校明道、公序二本，以校勘、訓詁為手段，以《國語》本書為內證，以其他相關典籍及相關出土文獻為佐證，以校詁札記的形式，對《國語集解》作校訂、補充。

金陵科技學院科研基金資助

# 目

# 次

# 緒　論

## 第一節　《國語》作者、成書時代簡論

　　《國語》是一部重要的先秦古籍，「包羅天地，探測禍福，發起幽微，章表善惡者，昭然甚明，實與經義竝陳，非特諸子之倫也」，歷來與《左傳》以《春秋》內、外傳並稱。但歷代學者對其重視程度，不可與《左傳》相提並論。漢魏時期幾個學者給《國語》作過注解、清人作過校詁之類的工作，但對其作者、成書時代及性質等問題未作深入探討。《國語》與《左傳》關係密切，《國語》作者、成書時代及性質問題久有分歧，眾說紛紜，莫衷一是。綜觀自漢迄今各種意見，主要有如下幾個方面：一、《國語》的作者是否是左丘明，二、《國語》的成書時代。筆者認為，這兩方面問題的實質核心是《國語》的作者是否是左丘明。下面就這兩方面問題分別討論。〔註1〕因這類問題紛繁複雜、頭緒眾多，且囿於學力、識斷、材料，筆者所作的論斷也只是一些簡要的傾向性的意見，供大家參考。

〔註 1〕《左傳》為左丘明所作，司馬遷、劉向、劉歆、桓譚、班固以及漢魏學者都深信不疑。唐宋以後，趙匡、程頤、朱熹、鄭樵等先後對左丘明作《左傳》這一傳統說法提出懷疑。趙生羣師在其《〈春秋〉經傳研究》（上海古籍出版社，2000 年版）一書中，通過大量內證的發掘及相關文獻的統計、勘比、考證，認為《左傳》的作者是魯人左丘明，《左傳》是《春秋》之傳，而非史書。因為其方法科學、考證嚴密，我們認為這一結論是可信的。《左傳》為左丘明所作，是我們討論《國語》一書作者、成書時代及性質等問題的參照座標，也是本文立論的前提依據。

## 一、《國語》的作者

現將歷代學者的主要不同意見綜述如下。

（一）認爲《國語》的作者是左丘明。司馬遷《史記・太史公自序》、《報任安書》皆云：「左丘失明，厥有《國語》。」〔註2〕班固《漢書・藝文志》：「《國語》二十一篇。」班固自注：「左丘明著。」《漢書・司馬遷傳》贊曰：「孔子因魯史記而作《春秋》，而左丘明論輯其本事以爲之傳，又纂異同爲《國語》。」〔註3〕劉歆引《國語》，而稱其爲《春秋外傳》。《漢書・韋賢傳》：「禮，去事有殺，故《春秋外傳》曰：『日祭，月祀，時享，歲貢，終王。』」〔註4〕范曄《後漢書・班彪列傳》：「定哀之間，魯君子左丘明論集其文，作《左氏傳》三十篇，又撰異同，號曰《國語》，二十一篇，由是《乘》、《檮杌》之事遂闇，而《左氏》、《國語》獨章。」〔註5〕王充《論衡・案書篇》：「《國語》，左氏之外傳也。左氏傳經，辭語尚略，故復選錄《國語》之辭以實。然則左氏《國語》，世儒之實書也。」〔註6〕劉熙《釋名・釋典藝》：「《國語》，記諸國君臣相與言語謀議之得失也。又曰《外傳》。」〔註7〕王先謙《疏證補》：「畢沅曰：『《說文》引《國語》文輒稱《春秋國語》，以《國語》爲《春秋外傳》故也。』王啓原曰：『《說文》及《風俗通》並稱《春秋國語》，至《釋名》則言「又曰《外傳》」。蓋漢時二名並稱。』《隋志》：『《春秋外傳國語》二十卷，賈逵注。』是《外傳》之名已舊，不得以《漢志》無《外傳》之名而疑之。惟其爲《春秋外傳》，故《蜀志・陳震傳》：『震即以《國語》爲《春秋》也。』蘇輿曰：『《漢書・律曆志》引《國語》「少昊之衰，九黎亂德」等語，稱《春秋外傳》。』此舊以《國語》爲《外傳》之證。」〔註8〕韋昭《國語解敘》：「昔孔子發憤於舊史，垂法於素王，左丘明因聖言以擴意，託王義以流藻，其淵原深大，沈懿雅麗，可謂命世之才，博物善作者也。其明識高遠，雅思未盡，故復採錄前世穆王以來，下訖魯悼、智伯之誅，邦國成敗，嘉言善語，陰陽律呂，天

〔註2〕宋人葉夢得、今人王樹民先生等認爲：左丘非左丘明，左丘與左丘明爲兩人而非一人。

〔註3〕班固《漢書・司馬遷傳》，頁二七三七，中華書局，1962年版。

〔註4〕班固《漢書・韋賢傳》，頁三一二九，中華書局，1962年版。

〔註5〕范曄《後漢書・班彪列傳》，頁一三二五，中華書局，1965年版。

〔註6〕王充《論衡・案書篇》，《諸子集成》本，頁二七七，上海書店，1986年影印。

〔註7〕王先謙《釋名疏證補》，頁三一三，上海古籍出版社，1984年影印。

〔註8〕王先謙《釋名疏證補》，頁三一三，上海古籍出版社，1984年影印。

時人事逆順之數，以爲《國語》。」〔註9〕孔晁亦云：「左丘明集其典雅令辭與《經》相發明者爲《春秋傳》，其高論善言別爲《國語》。」〔註10〕劉知幾《史通・六家》：「《國語》家者，其先亦出於左丘明。既爲《春秋內傳》，又稽其逸文，纂其別說，分爲周、魯、齊、晉、鄭、楚、吳、越八國，事起周穆王，終於魯悼公，別爲《春秋外傳國語》，合爲二十一篇，其文以方《內傳》，或重出而小異。然自古名儒賈逵、王肅、虞翻、韋曜之徒，並申以注釋，治其章句。此亦六經之流，三傳之亞也。」〔註11〕

　　（二）認爲《國語》的作者不是左丘明。否認《國語》的作者是左丘明的主要依據大致如下：首先，《國語》與《左傳》在編撰體例、行文風格、思想傾向以及相同歷史事件說法等方面差別明顯，不似一人手筆。首發難者晉人傅玄認爲：「《國語》非左丘明所作。凡有共說一事，而二文不同，必《國語》虛而《左傳》實，其言相反，不可強合也。」〔註12〕後來者隋人劉炫亦據上述同類現象再次論定《國語》非左丘明所作，劉炫以爲：「《國語》非左丘明所作，爲有此類往往與《左傳》不同故也。」〔註13〕柳宗元也說：「《越》之下篇尤奇峻，而其事多雜，蓋非出於左氏。」〔註14〕趙匡、啖助、陸淳、陳振孫等亦因《國語》與《左傳》文體不倫、序事乖刺而持是說。〔註15〕其次，從《國語》記述的內容來看，有些歷史事件和典章制度發生在與孔子大體同時的左丘明在世時段之後。中華書局本《國語集解》點校者之一的沈長雲先生認爲：「如《晉語》談到智伯之亡（在前453年，上距孔子卒已二十六年），談到趙襄子的謚號（襄子卒在前425年，上距孔子卒已五十四年）就不

〔註9〕韋昭《國語解敍》，《國語集解・附錄》，頁五九六，中華書局，2002年版。

〔註10〕見朱彝尊《經義考》卷二百九，頁一〇七一，中華書局，1998年版。

〔註11〕浦起龍《史通通釋》，頁一〇，上海書店，1988年版。

〔註12〕見孔穎達《春秋左傳正義・哀公十三年》「乃先晉人」句下引傅玄云，《十三經注疏》，頁二一七一，中華書局影印，1980年版。

〔註13〕見孔穎達《春秋左傳正義・襄公二十六年》「欒、范易行以誘之」句下，《十三經注疏》，頁一九九二，中華書局影印，1980年版。

〔註14〕柳宗元《非國語》，《柳宗元集》冊四，頁一三二八，中華書局，1979年版。

〔註15〕趙匡、啖助、陸淳之說見陸淳《春秋啖趙集傳纂例》卷一《趙氏損益義第五》，文淵閣《四庫全書》本。陳振孫說見《直齋書錄解題》卷三：「自班固志《藝文》，有《國語》二十一篇，左丘明所著，至今與《春秋傳》並行，號爲《外傳》。今考二書，雖相出入，而事辭或多異同，文體亦不類，意必非出一人之手也。司馬子長云：『左丘失明，厥有《國語》。』又似不知所謂。唐啖助亦嘗辨之。」（頁五四，上海古籍出版社，1987年版）

是左丘明所能瞭解到的。《國語》中也有一些預言或占卜之類，如《晉語四》中的姜戎之語『商之享國三十一王，瞽史之紀曰「唐叔之世，將如商數」，今未半也』，表明《國語》之作必在晉亡以後，晉亡於韓魏趙三家分晉之年（前376年），當然不可能為左丘明所及。〔註16〕在典章制度方面，如《周語中》提到的畿服及五等爵制；《魯語下》提到的『三公九卿』、《晉語四》提到的『將軍』；……都不應存在於春秋時代。……因此，把《國語》歸於左丘明所作，對於《國語》本身就是無法說通的。」〔註17〕再次，宋人葉夢得認為：「（孔子）作《春秋》口授弟子，弟子退而異言。丘明恐弟子各安其意以失其真，故論本事而作傳，明夫子不以空言說經也。其說本於司馬遷，固以丘明為名，則左為氏矣。然遷復言『左丘失明，厥有《國語》』。按《姓譜》有左氏、有左丘氏。遷以左丘為氏，則傳安得名左氏哉？」〔註18〕其後王應麟重申之：「葉少蘊云古有左氏、左丘氏，太史公稱『左丘失明，厥有《國語》』，今《春秋傳》作左氏而《國語》為左丘氏，則不得為一家。文體亦自不同，其非一家明甚。」〔註19〕中華書局本《國語集解》點校者之一的王樹民先生也認為《國語》與《左傳》的作者是兩個人：一是左丘，一是左丘明。〔註20〕後世學者

---

〔註16〕《晉語四》：「商之享國三十一王，瞽史之紀曰：『唐叔之世，將如商數。』今未半也。」筆者認為這段文字非常可能就是當時（驪姬亂晉）人們根據瞽史之紀曰「唐叔之世，將如商數」對晉所作的預判，從而得出晉「今未半也」的結論，不一定是在晉亡之後所說。所以這一材料不能表明《國語》之作必在晉亡以後。

〔註17〕沈長雲《〈國語〉編撰考》，第136頁，《河北師院學報》（哲學社會科學版），1987年第3期。

〔註18〕葉夢得《春秋考》卷三《統論》，文淵閣《四庫全書》本。

〔註19〕見朱彝尊《經義考》卷二百九，頁一○七一，中華書局，1998年版。

〔註20〕王樹民先生《〈國語〉的作者和編者》一文云：「《國語》的編定者，《史記》和《漢書》的說法不同，《史記》說是『左丘失明，厥有《國語》』，《漢書》則稱『左丘明著』。與《國語》相近的《左氏春秋》，《史記》說是『魯君子左丘明』所作；《漢書》作《左氏傳》，說是『魯太史左丘明』作。《國語》和《左氏春秋》既有相近的一面，從班固以後，也就以作者為一人，甚至左丘明也被說成為一個失明的人，因而有『盲左』之稱。其實編定不同於寫作，編定是編輯故有之文，雖失明者亦不難就其誦習與記憶者而編定之，寫作便不能這樣容易了。可知編定《國語》與寫成《左氏春秋》的本來是兩個人，司馬遷說得很明白，一個是左丘，一個是左丘明；不過他們的事蹟為後人所知者極少，其名又相近，因而被混同為一個人了。左丘明見於《論語》，為孔子所稱。司馬遷也稱他為『魯君子』，其為魯人，應無問題。左丘之事，惟見司馬遷所稱述：『昔西伯拘羑里，演《周易》；孔子厄陳蔡，作《春秋》；屈原放逐，著《離

認爲《國語》非左丘明所作之依據無外乎上述幾點。

筆者意見是傾向漢魏的傳統說法，即《國語》與《左傳》同爲左丘明所作。

首先，否認《國語》的作者是左丘明的主要依據經不起推敲，似是而非，不足爲據。

（一）否認《國語》的作者是左丘明的主要依據之一就是《國語》與《左傳》在編撰體例、行文風格、思想傾向以及相同歷史事件說法等方面差別明顯，不似一人手筆。就此，宋人已有解釋。司馬光轉述其父意見：「先儒多怪左邱明既傳《春秋》，又作《國語》，爲之說者多矣，皆未通也。先君以爲邱明將傳《春秋》，乃先采集列國之史，因分別之，取其精英者爲《春秋傳》。而先所采集之槀，因爲時人所傳，命曰《國語》，非邱明之本志也。故其辭語繁重，序事過詳，不若《春秋傳》之簡直精明渾厚遒峻也，又多駁雜不粹之義。誠由列國之史，學有厚薄，才有深淺，不能醇一故也。不然，邱明作此重複之書何爲邪？」〔註21〕李燾亦有此相同意見：「昔左邱明將傳《春秋》，乃先采集列國之史，國別爲語，旋獵其英華作《春秋傳》，而先所采集之語草槀具存，時人共傳習之，號曰《國語》，殆非邱明本志也。故其辭多枝葉，不若《內傳》之簡直峻健，甚者駁雜不類，如出它手，蓋由當時列國之史材有厚薄，學有淺深，故不能醇一耳。不然，邱明特爲此重複之書何耶？先儒或謂《春秋傳》先成，《國語》繼作，誤矣。惟本朝司馬溫公父子能識之。」〔註22〕雖然筆者對司馬光、李燾關於《左傳》、《國語》成書先後問題持不同意見，但對他們關於《左傳》、《國語》的史料來源、《左傳》編撰過程及《左傳》《國語》二書在編撰體例、行文風格、思想內容等方面差異形成的解說符合事理而基本認同。「左丘明將傳《春秋》，乃先采集列國之史，國別爲語，

---

騷》；左丘失明，厥有《國語》；孫子臏腳，而論兵法；不韋遷蜀，世傳《呂覽》；韓非囚秦，《說難》、《孤憤》。』以這些人不幸遭恥辱而在事業上皆有以自現，比喻他自己爲完成著史大業而不避恥辱。值得注意的一點是，所列舉的這幾個人大致以時間先後爲次序，左丘列於屈原與孫子之間，說明其時代約略相近，正在戰國中期。按《國語》二十一篇，而《晉語》獨占九篇，在晉國三卿中，又多記趙氏之事，說明左丘應爲趙國人，或與趙接近之人。」（《文史》第二十五輯，第 128 頁）王樹民先生在這段文字中明確就《國語》作者問題表明其意見：《國語》作者是戰國中期趙國人、或與趙接近之人左丘。

〔註21〕朱彝尊《經義考》卷二百九，頁一○七一，中華書局，1998 年版。
〔註22〕朱彝尊《經義考》卷二百九，頁一○七一，中華書局，1998 年版。

旋獵其英華作《春秋傳》。」左丘明作《左傳》是跟據各國史料依經（《春秋》）立傳，以年敘事解經，選擇材料當然是以「聖人（孔子）之是非」爲標準；而《國語》只是將作《春秋傳》（即《左傳》）的剩餘史料以國爲別，論次編輯成書。因爲是論次編輯，原始史料的一些痕跡就不可避免地保存下來；加之原始史料來源各國，各國史官的行文風格、思想傾向不盡相同，所以《國語》存在與《左傳》編撰體例、行文風格、思想傾向等差異也很自然。〔註23〕對於《國語》與《左傳》同一歷史事件而說法不一的問題，傅玄就認爲：「《國語》非左丘明所作。凡有共說一事，而二文不同，必《國語》虛而《左傳》實，其言相反，不可強合也。」後來者隋人劉炫亦據上述同類現象再次論定《國語》非左丘明所作，劉炫也以爲：「《國語》非左丘明所作，爲有此類往往與《左傳》不同故也。」這些實際上也不能成爲否認《國語》與《左傳》爲左丘明一人所作的理由。《四庫全書總目》對此就有針對的辨駁：「（《國語》）中有與《左傳》未符者，猶《新序》、《說苑》同出劉向，而時復牴牾，蓋古人著書各據所見之舊文，疑以存疑，不似後人輕改也。」〔註24〕上述情況在《史記》中也存在。「其實他們所指『牴牾』之處，有不少都是因爲作者所見資料互異，疑莫能明，或者雖有主見，而不願斷然取捨，故疑以傳疑，各存其舊，留待後人抉擇判斷。這是對待史料的一種極其愼重的方法。」〔註25〕

（二）否認《國語》的作者是左丘明的另一主要依據就是從《國語》記述的內容來看，有些歷史事件和典章制度發生在與孔子大體同時的左丘明在世時段之後。「大抵古人之治學也，本以道術爲公器，其斷限不嚴，故先師之所作，與後人之所述，雜糅而不分……果其學有師承，則述與作同功，筆與口並用。傳之既久，家法浸亡，依託之說，竄亂之文，相次攙入。」〔註26〕先秦古籍在流傳過程中，多爲輾轉傳抄或口耳相傳，所以後人增損改動、附益依託之事不可避免且時有發生。對此，學界已經形成共識。因此，我們不

〔註23〕就文風而言，晁公武在《郡齋讀書志》中說：「范甯云『左氏豔而富』，韓愈云『左氏浮誇』，今觀此書，信乎其富豔且浮誇也，非左氏而誰？」孫猛《郡齋讀書志校證》，頁一二〇，上海古籍出版社，1990年版。
〔註24〕永瑢等撰《四庫全書總目》，頁四六〇，中華書局，1965年版。
〔註25〕趙生羣師《〈史記〉編纂學導論》，第140頁，鳳凰出版社，2006年版。
〔註26〕余嘉錫《古書通例》卷三，《余嘉錫說文獻學》，第247～248頁，上海古籍出版社，2001年版。

能根據一些後人改動、附益的文字來判定一書的最初成書年代和作者的生活時代。這類問題《左傳》也同樣存在。趙生羣師在《〈春秋〉經傳研究》一書中對此已有辨駁。〔註 27〕依據《國語》記述的有些歷史事件和典章制度發生在與孔子大體同時的左丘明在世時段之後而否認《國語》的作者是左丘明的學者沒有考慮到古籍流傳過程中的後人改動、附益依託這一情況的存在。

　　（三）否認《國語》的作者是左丘明的另一依據就是由葉夢得提出的「古有左氏、左丘氏，太史公稱『左丘失明，厥有《國語》』，今《春秋傳》作左氏而《國語》爲左丘氏，則不得爲一家」。殊不知古人有時因出於句式整齊或行文方便等考慮，在稱述姓氏、姓名時常有省略。〔註 28〕如古人在稱司馬遷時常簡稱「馬遷」，《廣韻·陸法言〈切韻〉序》：「藏之名山，昔怪馬遷之言大；持以蓋醬，今歎楊雄之口吃。」《史通·六家》：「然時移世異，體式不同，其所書之事也，皆言罕褒諱，事無黜陟，故馬遷所謂整齊故事耳，安得比於春秋哉！」〔註 29〕《史通·六家》：「馬遷撰《史記》，終於今上，自太初已下，闕而不錄。」〔註 30〕在稱其姓氏司馬時常簡稱「馬」。《史通·六家》：「爲紀傳者則規模班、馬，創編年者則議擬荀、袁。」〔註 31〕又宋人婁機撰有字書，曰《班馬字類》。單從字面來看，司馬、馬顯然是不同的姓氏，司馬遷、馬遷也是不同的姓名。看到上文所舉實例中的「馬遷」、「馬」，我們大概誰也不會否認其所指就是太史公司馬遷。所以認爲左丘不是左丘明，並據此認定《國語》的作者是左丘而不是左丘明之人大概是沒有考慮到這一情況的存在。

　　其次，我們從《國語》一書本身可以看出其與《左傳》的關係密切。

　　（一）尊周宗魯的思想傾向。平王東遷、春秋以來，周室衰微，禮崩樂壞，諸侯僭越，五霸迭興。孔子有鑒於此，而作《春秋》，「上明三王之道，下辨人事之際，別嫌疑，明是非，定猶豫，善善惡惡，賢賢賤不肖，存亡國，繼絕世，補弊起廢，王道之大者也。」〔註 32〕《論語·顏淵》：「齊景公

〔註 27〕詳見趙生羣師《〈春秋〉經傳研究》第二章「《春秋》與《左傳》的關係」第三節「關於《左傳》的作者」，第 72〜78 頁，上海古籍出版社，2000 年版。
〔註 28〕蒙施謝捷師告知，即便戰國秦漢璽印，亦有姓氏、名字簡省情況：如姓氏「皇父」簡稱「皇」，名「冬（終）古」簡稱「古」。
〔註 29〕浦起龍《史通通釋》，頁六，上海書店，1988 年版。
〔註 30〕浦起龍《史通通釋》，頁一五，上海書店，1988 年版。
〔註 31〕浦起龍《史通通釋》，頁一一，上海書店，1988 年版。
〔註 32〕司馬遷《史記·太史公自序》，頁三二九七，中華書局，1982 年第二版。

問政。孔子對曰：『君君，臣臣，父父，子子。』」〔註33〕當時雖然周室衰微，但仍有天子之稱謂，周王是名義上的最高統治者。而孔子認為禮制、名份是統治秩序很重要的組成部分，在根據魯史記作《春秋》時，「仲尼因魯史策書成文，考其真偽而志其典禮，上以遵周公之遺制，下以明將來之法」，〔註34〕加之孔子又是魯人，所以其思想傾向當然尊周宗魯。為《春秋》作《傳》的魯君子左丘明與孔子大體同時或稍晚，其與孔子關係密切且思想傾向與孔子一致，《漢書‧藝文志》：「（孔子）與左丘明觀其史記，據行事，仍人道，因興以立功，就敗以成罰，假日月以定曆數，藉朝聘以正禮樂。有所褒諱貶損，不可書見，口授弟子，弟子退而異言。丘明恐弟子各安其意，以失其真，故論本事而作傳，明夫子不以空言說經也。」〔註35〕杜預《春秋序》也說：「其發凡以言例，皆經國之常制，周公之垂法」。〔註36〕所以，左丘明作《左傳》也是承孔子而尊周宗魯。尊周宗魯這一傾向在《國語》也表現得非常明顯。第一，《國語》八《語》的排列順序就很清楚地表明這一傾向。《國語》二十一卷，其八《語》順序與具體卷數如下：《周語》三卷、《魯語》二卷、《齊語》一卷、《晉語》九卷、《鄭語》一卷、《楚語》二卷、《吳語》一卷、《越語》二卷。因作者尊周宗魯，故此《周語》、《魯語》排第一、二位非常自然，儘管《魯語》所載頗為瑣屑細碎。《齊語》第三也是因其對周王室有夾輔尊崇之功。《魯語上》即有：「昔者成王命我先君周公及齊先君太公曰：『女股肱周室，夾輔先王。』」《左傳‧僖公四年》：「昔召康公命我先君大公曰：『五侯九伯，女實徵之，以夾輔周室。』」桓公時，八年之中，九合諸侯，一匡天下，《齊語》有：「兵車之屬六，乘車之屬三……隱武事，行文道，帥諸侯而朝天子。」《晉語》之所以排在第四，是因為晉之始封唐叔在周開國之後，但歷代晉侯對周王室亦有夾輔之功。《周語中》：「凡我周之東遷，晉鄭是依。」《晉語四》：「（鄭）先君武公與晉文侯勠力一心，股肱周室，夾輔平王。」《史記‧周本紀》：「初，惠后欲立王子帶故以黨開翟人，翟人遂入周。襄王出奔鄭，鄭居王於氾。子帶立為王，取襄王所黜翟后與居溫。十七年，襄王告急於晉，晉文公納王而誅叔帶。」《周語上》：「二十一年，以諸侯朝王於衡雍，且獻楚捷，遂為踐土之盟，於是乎始霸。」《鄭語》第五的緣由大致

〔註33〕《論語》，《十三經注疏》本，頁二五〇三～二五〇四，中華書局，1980年版。
〔註34〕杜預《春秋序》，《十三經注疏》本，頁一七〇五，中華書局，1980年版。
〔註35〕班固《漢書》，頁一七一五，中華書局，1962年版。
〔註36〕杜預《春秋序》，《十三經注疏》本，頁一七〇五，中華書局，1980年版。

與上之《晉語》同。如《周語中》:「鄭武、莊有大勳力於平、桓,我周之東遷,晉、鄭是依。子頹之亂,又鄭之緣定。」然晉、鄭二國強弱不等,對春秋時局影響不同,故排序有先後,文字有多寡。其後之楚、吳、越皆僭越之國,其國君無視周王室存在而稱「王」,故其序靠後。蓋因其國力之大小強弱及對其時時局影響,而列《楚語》、《吳語》、《越語》之序。第二,《國語》的具體內容也表現出尊崇周王室的思想傾向。如《周語上》:「襄王使邵公過及內史過賜晉惠公命,呂甥、郤芮相晉侯不敬,晉侯執玉卑,拜不稽首。內史過歸,以告王曰:『晉不亡,其君必無後。且呂、郤將不免。』……夫執玉卑,替其贄也;拜不稽首,誣其王也。替贄無鎮,誣王無民。夫天事恒象,任重享大者必速及,故晉侯誣王,人將誣之;欲替其鎮,人亦將替之。」《周語上》:「襄王使太宰文公及內史興賜晉文公命。上卿逆於境,晉侯郊勞,館諸宗廟,饋九牢,設庭燎。及期,命於武宮,設桑主,布几筵,太宰蒞之,晉侯端委以入。太宰以王命命冕服,內史贊之,三命而後即冕服。既畢,賓、饗、贈、餞,如公命侯伯之禮,而加之以宴好。內史興歸,以告王曰:『晉不可不善也。其君必霸。逆王命敬,奉禮義成。敬王命,順之道也;成禮義,德之則也。則德以導諸侯,諸侯必歸之。且禮所以觀忠、信、仁、義也。忠所以分也,仁所以行也,信所以守也,義所以節也。忠分則均,仁行則報,信守則固,義節則度。分均無怨,行報無匱,守固不偷,節度不攜。若民不怨而財不匱,令不偷而動不攜,其何事不濟!中能應外,忠也。施三服義,仁也。守節不淫,信也。行禮不疚,義也。臣入晉境,四者不失,臣故曰:「晉侯其能禮矣,王其善之!」樹於有禮,艾人必豐。』」作者將惠、文二公兩相對照,去就取捨自明。又《吳語》:「晉乃令董褐復命曰:『寡君未敢觀兵身見,使褐復命曰:「曩君之言,周室既卑,諸侯失禮於天子,請貞於陽卜,收文、武之諸侯。孤以下密邇於天子,無所逃罪,訊讓日至,曰:昔吳伯父不失,春秋必率諸侯以顧在余一人。今伯父有蠻、荊之虞,禮世不續,用命孤禮佐周公,以見我一二兄弟之國,以休君憂。今君掩王東海,以淫名聞於天子,君有短垣,而自踰之,況蠻、荊則何有於周室?夫命圭有命,固曰吳伯,不曰吳王。諸侯是以敢辭。夫諸侯無二君,而周無二王,君若無卑天子,以干其不祥,而曰吳公,孤敢不順從君命長弟!」許諾。』」此類之例甚夥,不煩援引。

　　(二)「君子曰」的行文標誌。《左傳》常常在一段敘事文字之後,用「君

子曰」或「君子謂」之言來表達作者對這一事件的評議。〔註37〕如《左傳·隱公元年》:「君子曰:『穎考叔,純孝也,愛其母,施及莊公。《詩》曰:「孝子不匱,永錫爾類。」其是之謂乎?』」《左傳·隱公十年》:「君子謂鄭莊公於是乎可謂正矣!以王命討不庭,不貪其土,以勞王爵,正之體也。」「君子謂」有時又作「君子是以知」、「君子以為」、「君子以」等。這類現象在《國語·晉語》中時常可見。因為《國語》主要是「記諸國君臣相與言語謀議之得失」,所以其大部分都是記言文字。記言文字本身就體現了作者的好惡取捨、價值評判,也就無需再通過「君子曰」來表明態度。而《晉語》和《國語》其他部分不太一樣,是以記事為主,所以作者在一段記事文字之後,以「君子曰」的方式表達對這一事件的評判。《晉語》「君子曰」共出現九次:《晉語一》四次,《晉語二》兩次,《晉語四》一次,《晉語六》一次,《晉語七》一次。這些雖然不足以說明《左傳》、《國語》兩書為同一人所作,但最起碼能說明作者有共同一個寫作習慣:喜歡在自己的著述裏加上按語或評語。而且二者的口吻、評判標準也相當的一致。這也從一個側面看出二書的密切關係。

既然否認《國語》的作者是左丘明的主要依據經不起推敲,似是而非,不足為據,而且《國語》一書本身可以看出其與《左傳》的密切關係,所以漢魏的傳統說法,即《國語》與《左傳》同為左丘明所作應該還是可信的。

## 二、《國語》的成書時代

既然通過上文說明《國語》與《左傳》同為左丘明所作這一傳統說法的可信性,那麼《國語》一書的成書年代就不難大致確定。其成書年代就是左丘明的生活年代。左丘明與孔子大致同時而或稍晚:《史記·十二諸侯年表》序:「是以孔子明王道,干七十餘君,莫能用,故西觀周室,論史記舊聞,興於魯而次《春秋》,上記隱,下至哀之獲麟,約其辭文,去其煩重,以制義法,王道備,人事浹。七十子之徒口授其傳指,為有所刺譏褒諱挹損之文辭不可以書見也。魯君子左丘明懼弟子人人異端,各安其意,失其真,

---

〔註37〕關於《左傳》「君子曰」,可參見鄭良樹先生《竹簡帛書論文集》中「論《左傳》非後人所附益」、「再論《左傳》非後人所附益」二文,中華書局,1982年版。

故因孔子史記具論其語，成《左氏春秋》。」〔註38〕《漢書・藝文志》：「（孔子）與左丘明觀其史記，據行事，仍人道，因興以立功，就敗以成罰，假日月以定曆數，藉朝聘以正禮樂。有所褒諱貶損，不可書見，口授弟子，弟子退而異言。丘明恐弟子各安其意，以失其眞，故論本事而作傳，明夫子不以空言說經也。」〔註39〕這點從以上兩段文字不難看出。李燾云：「昔左丘明將傳《春秋》，乃先採集列國之史，國別爲語，旋獵其英華作《春秋傳》，而先所採集之語草稾具存，時人共傳習之，號曰《國語》，殆非丘明本志也。故其辭多枝葉，不若《內傳》之簡直峻健，甚者駁雜不類，如出它手，蓋由當時列國之史材有厚薄，學有淺深，故不能醇一耳。不然，丘明特爲此重複之書何耶？先儒或謂《春秋傳》先成，《國語》繼作，誤矣。惟本朝司馬溫公父子能識之。」〔註40〕若按司馬光、李燾所說，作爲資料長編的《國語》在前，而《左傳》在後，那爲何見於《左傳》的許多內容反而不見於作爲資料長編的《國語》？左丘明作《左傳》是跟據各國史料依經（《春秋》）立傳，以年敘事解經，其選擇的材料當然是以「聖人（孔子）之是非」爲標準；而《國語》只是將作《春秋傳》（即《左傳》）的剩餘史料以國爲別，論次編輯成書。所以二書的成書先後應該是《左傳》在前，而《國語》在後。〔註41〕

　　《太史公自序》云：「昔西伯拘羑里，演《周易》；孔子戹陳蔡，作《春秋》；屈原放逐，著《離騷》；左丘失明，厥有《國語》；孫子臏腳，而論兵法；不韋遷蜀，世傳《呂覽》；韓非囚秦，《說難》、《孤憤》；《詩》三百篇，大抵聖賢發憤之所作也。」雖然有不少學者對這段文字頗有疑義，認爲其中有些先後問題與史實不符：不韋遷蜀，世傳《呂覽》；韓非囚秦，《說難》、《孤憤》。但是「昔西伯拘羑里」、「孔子戹陳蔡」、「屈原放逐」、「左丘失明」、「孫子臏腳」、「不韋遷蜀」、「韓非囚秦」這些，當確爲史實無疑。有關《國語》，我們從這段文字可以瞭解三點：一、《國語》的作者是左丘明，這點顯而易見。二、左丘明原本不是失明之人，只是後來由於某種原因導致其失明。西伯不是生來就拘羑里，孔子也不是生來就戹陳蔡，屈原也不是生來就遭放逐，孫子不

<hr />

〔註38〕司馬遷《史記》，頁五〇九～五一〇，中華書局，1982 年第二版。
〔註39〕班固《漢書》，頁一七一五，中華書局，1962 年版。
〔註40〕朱彝尊《經義考》卷二百九，頁一〇七一，中華書局，1998 年版。
〔註41〕這一點，張心澂在《僞書通考》的雜史類《國語》下的按語中也有論述。詳見《僞書通考》，第 636 頁，商務印書館，1957 年修訂版。

是生來就被臏腳……，他們只是後來由於某種原因而有如此不幸遭遇。《漢書・藝文志》：「（孔子）與左丘明觀其史記。」「觀其史記」，足以說明左氏作《左傳》時尚未失明。不然，其何以能「觀」？左丘失明，也應當是後來之事。三、《國語》作於左丘明失明之後。左丘明作《左傳》，而古人從未有提及其失明之事。作《左傳》時尚能「觀其史記」，由此可以推測《左傳》作於失明之前，《國語》作於失明之後。章太炎在《春秋左氏疑義答問》中也說：「《國語》之成，更在耄期，故章昭言，『雅思未盡』，復爲《國語》。太史公於左氏成《春秋》不言失明，於其成《國語》則謂在失明後，是作書之次弟可知者。」〔註42〕《史記・孔子世家》：「魯襄公二十二年而孔子生。」〔註43〕司馬貞《索隱》：「《公羊傳》『襄公二十一年十有一月庚子，孔子生』。今以爲二十二年，蓋以周正十一月屬明年，故誤也。後序孔子卒，云七十二歲，每少一歲也。」〔註44〕《史記・孔子世家》：「孔子年七十三，以魯哀公十六年四月己丑卒。」〔註45〕司馬貞《索隱》：「若孔子以魯襄二十一年生，至哀十六年爲七十三；若襄二十二年生，則孔子年七十二。《經傳》生年未定，致使孔子壽數不明。」〔註46〕孔子生卒年爲公元前 552 或 551 年至公元前 479 年，而左丘明與孔子大致同時而或稍晚，所以，《國語》一書的成書時代大致在春秋末期至戰國前期。

1987 年，湖南省慈利縣城關石板村 36 號戰國墓出土了一批竹簡，斷裂錯位現象十分嚴重。共有殘簡 4371 段，保存最長者 36cm，短者不足 1cm，估計整簡長 45cm，數量約 1000 支，字數共約 21000 多字。後經統計，簡頭 817 枚，簡頭簡尾難於分辨者 27 枚。據同出器物的特徵分析，墓葬年代爲戰國中期前段。墓主人身份，據其規模形制、歷年楚墓的發掘和研究及《禮記》等記載推測，當爲士一級。目前慈利竹書與《國語・吳語》相關的簡文只有零星發表，部分有圖片，見《文物》1990 年第 10 期圖版柒、《考古學報》1995年第 2 期圖版陸。竹簡內容主要可分爲兩類：一類是有傳世文獻可資對勘的，如《國語・吳語》和《逸周書・大武》；一類是《管子》、《甯越子》等書的佚

---

〔註42〕《章太炎全集》（六）「春秋左氏疑義答問」，頁二五二，上海人民出版社，1986年第一版。

〔註43〕司馬遷《史記》，頁一九〇五，中華書局，1982 年第二版。

〔註44〕司馬遷《史記》，頁一九〇六，中華書局，1982 年第二版。

〔註45〕司馬遷《史記》，頁一九四五，中華書局，1982 年第二版。

〔註46〕司馬遷《史記》，頁一九四五，中華書局，1982 年第二版。

文或古佚書。〔註47〕文字與《國語・吳語》相關的簡文，其內容基本見於今
本《吳語》，也有部分簡文不見於《吳語》，但其文字內容與《吳語》非常密
切，行文風格也相當接近，有可能是《吳語》的佚文。〔註48〕雖然我們還不
能認為這批與《吳語》內容相關的慈利楚簡就是《國語・吳語》，但是我們可
以據此推測，慈利楚簡之類與《國語》關係密切的書在戰國早期中期的楚地
流布很廣。因為墓主人身份，據其規模形制、歷年楚墓的發掘和研究及《禮
記》等記載推測，為士一級，其隨葬就有此類之書，戰國時士人多矣，所以
此類書流傳情形可以想見。孔穎達《春秋左傳序正義》引劉向《別錄》云：「左
丘明授曾申，申授吳起，起授其子期，期授楚人鐸椒，鐸椒作《抄撮》八卷
授虞卿，虞卿作《抄撮》九卷授荀卿，荀卿授張蒼。」〔註49〕《史記・孫子
吳起列傳》：「於是吳起見公主之賤魏相，果辭魏武侯。武侯疑之而弗信也。
吳起懼得罪，遂去，即之楚。楚悼王素聞起賢，至則相楚。」〔註50〕《史記・
十二諸侯年表》序：「鐸椒為楚威王傳，為王不能盡觀《春秋》，採取成敗，
卒四十章，為《鐸氏微》。」〔註51〕楚悼王至楚威王的年代是公元前 401 年～
前 328 年的戰國早、中期，吳起、鐸椒皆左氏學之傳人，他們當時在楚國的
地位一相一傳，所以左氏之學其時（戰國早期至中期）在楚地流行的情況可
以想見。慈利楚簡之類與《國語》關係密切的書，在戰國早期中期的楚地流
傳較廣，而當時左氏之學在楚地較為流行，這兩者之間應該是有關聯的。《國
語》的作者是左丘明，而慈利楚簡中有關《國語・吳語》的部分與《國語》
關係密切：文字與《國語・吳語》相關的簡文，其內容基本見於今本《吳語》，
也有部分簡文不見於《吳語》，但其文字內容與《吳語》非常密切，行文風格
也相當接近。所以極有可能是《國語》的古抄本之一。因為左氏之學戰國早

〔註47〕詳情見《文物》1990 年第 10 期《湖南省慈利石板村 36 號戰國墓發掘簡報》、
　　　　《考古學報》1995 年第 2 期《湖南省慈利石板村號戰國墓》及張春龍《慈利
　　　　楚簡概述》（《新出簡帛研究》，文物出版社，2004 年版）。
〔註48〕《國語》一書在流傳過程中其部分內容有亡佚，董增齡在《春秋公羊傳》
　　　　疏、《史記》三家注、《禮記》疏、《文選》注中已發現六朝隋唐人所引《國
　　　　語》，有些不見於今本。說詳見董增齡《國語正義序》（巴蜀書社，1985 年影
　　　　印本）。
〔註49〕孔穎達《春秋左傳正義》，《十三經注疏》本，頁一七〇三，中華書局，1980
　　　　年版。
〔註50〕司馬遷《史記》，頁二一九六，中華書局，1982 年第二版。
〔註51〕司馬遷《史記》，頁五一〇，中華書局，1982 年第二版。

期至中期在楚地流行，所以左氏之書在其時其地流傳較廣就很自然。〔註52〕
儘管這些也只是在目前掌握材料基礎上所作的推測，但是它對我們瞭解《國
語》一書的作者是左丘明和成書年代在春秋末期至戰國前期還是有很大幫助
的。沈長雲先生認爲「《國語》成書在戰國晚期，並很可能出自三晉人之手」
的結論，譚家健先生認爲「《國語》成書當在《左傳》稍前，……其人可能是
三晉史官」的結論，現在看來，都不可信。〔註53〕

　　由唐宋以來直至近代的疑古風潮，自有其學術史背景及其在學術史上的
意義與價值。〔註54〕但其懷疑的依據往往僅就其一點而不及其餘，沒有考慮
到懷疑對象與其他相關文獻的關係以及古籍流傳過程中的種種複雜情況。而
漢魏以來的傳統說法由於去古未遠，當時學者所能見到的相關文獻隨歷史變
遷散佚失傳，尤其東漢至隋，書經五厄，古書日亡，漢魏時尚存世的不少文
獻後世學者無從得見，但隨著傳世文獻研究的不斷深入、地下文獻的不斷出
土，其辨僞結論不斷被推翻，而漢魏舊說也不斷被證實。在這樣的學術背景
之下，加之上文的一些考辨及相關文獻的出土，我們認爲《國語》作者、成
書時代的漢魏舊說應該還是可信的。

## 第二節　　《國語》流布、研究及版本概述

　　《國語》一書成書以來至北宋的流傳、研究情況，我們從宋庠的《國語
補音敍錄》中可以得到一個大致的瞭解。〔註55〕「當漢世，《左傳》秘而未行，
又不立於學官，故此書亦弗顯，唯上賢達識之士好而尊之，俗儒弗識也。逮
東漢，《左傳》漸布，名儒始悟向來《公》、《穀》膚近之說，而多歸於左氏。

〔註52〕1973年在湖南長沙馬王堆三號漢墓出土的《馬王堆漢墓帛書》中暫定名爲《春
秋事語》部分，所記之事，基本上見於《春秋》傳及《國語》，也可以說明左
氏之學在戰國時期楚地的流傳情況。詳見張政烺《〈春秋事語〉解題》（《文
物》，1977年第1期）、裘錫圭《帛書〈春秋事語〉校讀》（《湖南博物館館刊》
第1輯，2004年）。

〔註53〕詳見沈長雲《〈國語〉編撰考》，《河北師院學報》（哲學社會科學版），1987
年第3期；譚家健《關於〈國語〉的成書年代和作者問題》，《河北師院學報》
（哲學社會科學版），1985年第2期。

〔註54〕疑古，此處指對先秦兩漢古籍的撰人、時代及眞僞持懷疑態度的辨僞一派。

〔註55〕《國語》成書至漢這段時間，其流傳、研究情況由於文獻不足，故闕而不
論。另外需要說明的是：而且此處討論的研究，僅限於校詁之類的注釋、考
證。

及杜元凱精研訓詁，木鐸天下，古今真謬之學一旦冰釋，雖《國語》亦從而大行，蓋其書竝出丘明。自魏、晉以後，書錄所題，皆曰《春秋外傳國語》，是則《左傳》爲內，《國語》爲外，二書相副，以成大業。凡事詳於內者略於外，備於外者簡於內，先儒孔晁亦以爲然。自鄭眾、賈逵、王肅、虞翻、唐固、韋昭之徒竝治其章句，申之注釋，爲六經流亞，非復諸子之倫。自餘名儒碩生好是學者不可勝紀。歷世離亂，經籍亡逸，今此書唯韋氏所解傳於世，諸家章句遂無存者。然觀韋氏所敘，以鄭眾、賈逵、虞翻、唐固爲主而損益之，故其注備而有體，可謂一家之名學。唯唐人柳子厚作《非國語》二篇，攡摭意外微細以爲詆訾，然未足掩其洪美。……先儒未有爲《國語》音者，蓋外、內傳文多相涉，字音亦通故也。然近世傳《舊音》一篇，不著撰人名氏，尋其說，乃唐人也。……然其音簡陋，不足名書，但其間時出異聞，義均雞肋。庠因暇輒記其所闕，不覺盈篇。今因舊本而廣之，凡成三卷。其字音反切，除存本說外，悉以陸德明《經傳釋文》爲主。亦將稽舊學，除臆說也。唯陸音不載者則以《說文》、字書、《集韻》等附益之，號曰《國語補音》。」〔註56〕《國語》成書以來，東漢鄭眾、賈逵，魏晉王肅、唐固、虞翻、韋昭、孔晁等爲之作注。〔註57〕唐宋以來，各家之注多亡佚，惟韋昭《國語解》存於世。北宋時，宋庠（字公序）曾整理《國語》及韋解，並作《國語補音》三卷。然其間亦有宋庠不知者：如後漢楊終撰有《改定春秋外傳章句》，三國孫炎撰有《國語》注，北魏劉芳撰有《國語音》一卷。公序云：「先儒未有爲《國語》音者，蓋外、內傳文多相涉，字音亦通故也。然近世傳《舊音》一篇，不著撰人名氏，尋其說，乃唐人也。」恐失檢於《魏書·劉芳傳》。除此以外，我們不排除東漢、三國、魏晉之間佚名舊注大量存在而後世散佚不傳這種情況。〔註58〕

　　韋昭《國語解》是現存於世的《國語》最早注本，他在《國語解敘》中對其之前的注家及其作注的緣由、依據也有清楚的說明：「遭秦之亂，幽而復光。賈生、史遷頗綜述焉。及劉光祿於漢成世始更考校，是正疑謬。至於章帝，鄭大司農爲之訓注，解疑釋滯，昭析可觀，至於細碎，有所闕略。侍中

〔註56〕宋庠《國語補音敘錄》，《國語集解·附錄》，頁五九六，中華書局，2002 年版。

〔註57〕亦可參見《隋書·經籍志》，《隋書》頁九三二，中華書局標點本，1973 年版。

〔註58〕詳見李步嘉《唐前〈國語〉舊注考述》一文，《文史》第五十七輯（2001 年第 4 輯）。

賈君敷而衍之，其所發明，大義略舉，爲已憭矣，〔註59〕然於文間時有遺忘。建安、黃武之間，故侍御史會稽虞君，尚書僕射丹陽唐君，皆英才碩儒、洽聞之士也，採摭所見，因賈爲主而損益之。觀其辭義，信多善者，然所理釋，猶有異同。昭以末學，淺闇寡聞，階數君之成訓，思事義之是非，愚心頗有所覺。今諸家竝行，是非相貿，雖聰明疏達識機之士知所去就，然淺聞初學猶或未能袪過。切不自料，復爲之解。因賈君之精實，採虞、唐之信善，亦以所覺增潤補綴，參之以五經，檢之以《內傳》，以《世本》考其流，以《爾雅》齊其訓，去非要，存事實，凡所發正三百七事。又諸家紛錯，載述爲煩，是以時有所見，庶幾頗近事情，裁有補益。」〔註60〕韋昭之後，我們所知的研究者就是北宋的宋庠。他的大體情況上文已述。

公序以下直至清初，研究《國語》者寥寥無幾。有清一代，樸學大興，其間不乏校注《國語》者。他們校詁研究成果的表現途徑大致有二：一爲專書，一爲學術札記、筆記。前者主要有：汪遠孫《國語校注本三種》（《國語三君注輯存》、《國語發正》、《國語明道本考異》），陳瑑《國語翼解》，董增齡《國語正義》等；後者主要有：王引之《經義述聞‧國語》、黃丕烈《校刊明道本韋氏解〈國語〉札記》、劉台拱《國語補校》、汪中《國語校文》、俞樾《群經平議‧春秋外傳國語》、于鬯《香草校書‧國語》等。

汪遠孫《國語校注本三種》（《國語三君注輯存》、《國語發正》、《國語明道本考異》），對《國語》文本作了系統翔實的研究。其作《國語校注本三種》的緣起、體例、依據在《三種》各自序言都有明確交代。茲錄於下，以資參證。《國語三君注輯存》序：「三君者，後漢侍中賈君逵、吳侍御史虞君翻、吳尚書僕射唐君固也。韋宏嗣採摭三君，並參己意，成《國語解》二十一卷。漢章帝時，鄭大司農眾作章句，其書最爲近古，久亡其篇數。魏中領軍王肅、晉五經博士孔晁亦爲章句訓注，後先於韋而解不載。今遠孫不揣譾陋，搜羅舊聞，其三君說有見於解中有不見於解中悉錄之，王、孔諸家亦載焉。於以識韋氏作解之去就、而眾說之足資取益也。稱三君者，仍宏嗣之本書也。」〔註61〕《國語發正》序：「《國語》向稱《外傳》，與《內傳》相爲表裏，綜述義文，說家輩出。自漢迄晉，散佚無存。今所完存者，唯韋氏注而

---

〔註59〕明道本「憭」下空一字。
〔註60〕韋昭《國語解敍》，《國語集解‧附錄》，頁五九四～五九五，中華書局，2002年版。
〔註61〕汪遠孫《國語三君注輯存序》，清道光丙午（二十六年）閏五月振綺堂刊本。

已。注中都採古訓，又參并己意。實事求是，卓爾鉅觀。然學道無窮而偏漏難掩，此中得失，間有瑜瑕，可資考訂。去就需才，遠孫妄不自揣，研慮多年，搜輯舊聞，博取通語，苟可明者，皆收錄焉。抑有疑者，必備參焉。解誤者駁之，義缺者補之，辭意有未昭晰者復詳說之。爰列三例，依傳作卷，爲《發正》二十一卷，所以發其疑而正其似也。」〔註62〕《國語明道本考異》：「舊題天聖明道本《國語》，天聖，宋仁宗年號；明道，乃仁宗改元。卷末署云『天聖七年七月二十日開印，明道二年四月初五日得眞本』。是明道二年以天聖印本重刊也。近代盛行宋公序《補音》，明人許宗魯、金李皆從公序本重刊。兩本各有優劣，而後是非異同判焉。今刻以明道本出大字，公序本輔行小字於下，它書所引之異文及諸家所辨之異字，亦皆愼擇而採取之。讀《國語》者庶乎知其異而是非可識也。」〔註63〕《國語校注本三種》（《國語三君注輯存》、《國語發正》、《國語明道本考異》），有清道光丙午閏五月汪氏振綺堂刊本。其中《國語發正》被王先謙收入《清經解續編》，《國語明道本考異》收入《四部備要》，列於黃丕烈《重刊明道二年〈國語〉》、《校刊明道本韋氏解〈國語〉札記》之後。

陳瑑《國語翼解》，主要是搜集相關文獻對韋昭《國語解》作疏證補充工作。顧其名即知其作是書之旨，翼者，輔也，佐也，助也。《廣雅書局叢書》、《叢書集成初編》均有收入。

董增齡《國語正義》，其序云：「宋公序補音本及天聖本兩家並行，近曲阜孔氏所刻用補音本。今兼收二家之長，而用補音本者十之七八。……云爲之注者，有漢鄭眾、賈逵、魏王肅、吳虞翻、唐固、韋昭，晉孔晁七家，今唯韋解尚存。……今銓釋韋解之外，仍援許鄭諸君舊詁備載其後，以俟辯章。譬導水而窮其源，非落葉而離其根也。韋解體崇簡潔，多闕而不釋。《史記》集解、索隱、正義及應劭、如淳、晉灼、蘇林、顏師古等家《漢書注》、章懷太子《後漢書》注，凡與馬班正文採取《國語》者，各有發揮。或與韋解兩歧，或與韋解符合。同者可助其佐證，異者宜博其旨歸。並採兼收，以匯古義。錞鼓不同音，而皆悅耳；茶火不同色，而皆美觀也。國邑水道，以《漢·地理志》、《後漢·續郡國志》爲主，而參以《水經注》、《元和郡縣志》、杜氏《通典》，諸家並列。我朝所定府廳州縣之名庶覽者瞭然。至於宮室器皿衣裳

---

〔註62〕汪遠孫《國語發正序》，清道光丙午（二十六年）閏五月振綺堂刊本。
〔註63〕汪遠孫《國語明道本考異序》，清道光丙午（二十六年）閏五月振綺堂刊本。

之制度，則孔賈諸疏具存，止擷簡要，不事詳敘。」〔註64〕正義者，注之疏也。殆因「疏不破注」之例，《國語正義》雖篇幅不小，但發明無多。吳曾祺在其《國語韋解補正》敘中就說：「然董氏之書，多徵引舊典，而於文義之不可通者，反忽而不及。似博而實略，似精而實疏。」這個評判應該說是相當公允的。董增齡《國語正義》有清光緒庚辰章氏式訓堂刊本，巴蜀書社 1985年據此本影印出版了影印本。

學術札記、筆記之類校詁研究成果篇幅較多者為王引之《經義述聞・國語》、俞樾《群經平議・春秋外傳國語》、于鬯《香草校書・國語》。其中以王氏發明良多且最為精審，俞樾次之，于鬯又次。王氏《國語》校詁札記，易得者有江蘇古籍出版社 1985年影印道光七年刊本《經義述聞》。收入俞樾《群經平議・春秋外傳國語》者有俞樾自刻《春在堂全書》、王先謙編《清經解續編》。于鬯札記易得者有中華書局 1984年整理出版的《香草校書》。汪中《國語校文》僅一卷，收入者有《重印江都汪氏叢書》、《叢書集成初編》，廣陵書社 2005年所出《新編汪中集》亦有收入。劉台拱《國語補校》亦僅一卷，《清經解續編》、《廣雅書局叢書》、《叢書集成初編》都有收入。黃丕烈《校刊明道本章氏解〈國語〉札記》，篇幅在二者之間，其「讎字之餘，頗涉《補音》及重刻公序本，綜其得失之凡而箚記之」，除此之外並收入段玉裁、惠棟校語，其價值可想而知。《士禮居黃氏叢書》、《叢書集成初編》、《四部備要》在收入其《重刊明道二年〈國語〉》時，《札記》也一同收入。

此外，清人對《國語》還作了大量輯佚工作：王仁俊《經籍佚文》輯有《國語佚文》一卷；王謨《漢魏遺書鈔》、勞格《月河精舍叢鈔》、黃奭《漢學堂叢書》、《黃氏逸書考》、馬國翰《玉函山房輯佚書》、蔣日豫《蔣侑石遺書》、王仁俊《玉函山房輯佚書續編》，對已亡佚的東漢鄭眾、賈逵，魏晉王肅、唐固、虞翻、孔晁等《國語》注作了輯佚工作。〔註65〕這些輯佚工作，作用不言自明。

清末校詁《國語》者有吳曾祺，撰有《國語韋解補正》一書。他在《國語韋解補正》敘中說：「《國語》一書，時有箋疏，惜其寥寥無幾。獨高郵王氏，所得為多。乃擇其說之合者，悉纂而輯之。其有不足，輒以己意謬為附

---

〔註64〕董增齡《國語正義》，頁六～九，巴蜀書社，1985年影印本。

〔註65〕詳見孫啓治、陳建華編《古佚書輯本目錄（附考證）》，第155～156頁，中華書局，1997年版。

益。歲月既久，楮墨逐滋。因彙爲一編，名之曰《國語韋解補正》。補者，補其所未備；正者，正其所未安。備且安，而是書之本末具矣。」其書亦間有創獲，於讀《國語》者，不無裨益。清宣統元年，商務印書館初版其書。民國年間，商務印書館有數次印行。

其後沈鎔有《國語詳注》，惟存《國語》正文，摘列重要詞句略加詮釋，其性質爲重注而非補注。因其發明無多，後人稱引亦少。其書民國五年文明書局有鉛印本，民國二十四年文明書局曾再次印行。

在《國語》校注本中，徐元誥《國語集解》，行世最晚，在韋解之下而能網羅之前王引之、汪中、劉台拱、黃丕烈、汪遠孫、陳瑑、董增齡、吳曾祺、沈鎔各家之說，並於諸說紛存、文有疑義處以「元誥按」明其取捨，於讀《國語》者甚爲便利，可稱當前《國語》校注本之最佳者。「《國語集解》之編撰方式雖善，但其編撰工作則甚爲粗疏，成爲其書之最大缺陷。」〔註66〕其書1930年曾由中華書局印行。2002年，中華書局又出版了經王樹民、沈長雲二先生點校的《國語集解》。每卷之後，都附有點校者所作校記，在最大程度上彌補了徐元誥《國語集解》編撰工作粗疏而導致的訛誤。

臺灣學者張以仁《國語斠證》一書，摘錄有異文、疑義之相關語句，以天聖明道本、公序本、公序《〈國語〉補音》、董增齡《國語正義》本等本相互讎校，旁參黃丕烈《札記》、汪遠孫《考異》等諸家成說，廣採古注、類書及相關書中材料，以理其訛脫，正其謬誤。其於《國語》，厥功甚偉。此書由臺灣商務印書館於1969年印行。

上海師範大學古籍整理研究所校點《國語》，以《四部備要》收錄的士禮居翻刻明道本《國語》爲底本，參校《四部叢刊》影印明代翻刻公序本，並吸收了一些前人的校勘成果，略加按語，由上海古籍出版社1978年出版，後又修訂重版多次。此爲目前最易得之本，且閱讀甚爲便利。

建國以來，有關《國語》校詁專著未見，校詁類論文亦不多，且相對零散，而其說可採者具體篇目可見論文參考文獻。

《國語》的版本系統非常簡單清晰，即明道本與公序本兩個系統。

黃丕烈在《校刊明道本國語札記》敘中說：「《國語》，自宋公序取官私十五六本校定爲《補音》，世盛行之，後來重刻，無不用以爲祖。」〔註67〕經宋

〔註66〕王樹民《國語集解》點校前言，中華書局，2002年版。
〔註67〕黃丕烈《校刊明道本國語箚記》敘，國學基本叢書選印《國語》，頁二四一，

庠整理之本，此後成爲主要傳世之本：公序本。其後明嘉靖戊子金李刊澤遠堂本（或稱金李本）即翻刻自公序本，世稱善本，而明道本又罕爲世人所見，〔註68〕故此金李本就成了明清以來絕大多數本子的實際祖本。〔註69〕

「《國語》之存於今者，以宋明道二年槧本爲最古。」〔註70〕汪遠孫《國語明道本考異序》云：「舊題天聖明道本《國語》，天聖，宋仁宗年號；明道，乃仁宗改元。卷末署云『天聖七年七月二十日開印，明道二年四月初五日得眞本』。是明道二年以天聖印本重刊也。」〔註71〕黃丕烈《校刊明道本國語札記》敘又云：「有未經其（指宋庠）手，如此明道二年本者，乃不絕如線而已。……丕烈深懼此本之遂亡，用所收影鈔者，開雕以餉世。其中字體，前後有歧，不改畫一，闕文壞字，亦均仍舊。無所添足，以懲妄也。」〔註72〕自此，明道本才得以廣爲流傳。

自清中期以後，明道本與公序本同爲《國語》通行之本。《四部叢刊》本《國語》是據嘉靖戊子金李澤遠堂本影印，而《四部備要》本《國語》則據黃丕烈《重刊明道二年〈國語〉》排印，其後附有黃丕烈《校刊明道本韋氏解〈國語〉札記》、汪遠孫《國語明道本考異》。《四部叢刊》本、《四部備要》本爲目前易得且又可靠的兩個版本。此後《國語》之本，非此即彼，或以其一爲底本、其一作參校。

## 第三節　《〈國語集解〉訂補》的緣起、重點及研究方法

《國語》是一部重要的先秦古籍，《國語》文本的校詁整理工作，目前還

---

上海書店，1987 年影印出版。

〔註68〕黃丕烈《校刊明道本國語札記》敘云：「如此明道二年本者，乃不絕如線而已。」（國學基本叢書選印《國語》，頁二四一，上海書店，1987 年版）又《重刊明道二年〈國語〉序》二錢大昕序云：「亟圖得是書而寶之，又欲公其寶於斯世。」（國學基本叢書選印《國語》錢大昕序，上海書店，1987 年影印出版。）可見明道本之罕見。

〔註69〕《國語》（含《補音》）版本現存情況，可詳見中國古籍善本書目編輯委員會編《中國古籍善本書目》（史部上冊），第 207～212 頁，上海古籍出版社，1993年版。

〔註70〕國學基本叢書選印《國語》錢大昕序，上海書店，1987 年版。

〔註71〕汪遠孫《國語明道本考異序》，清道光丙午五月振綺堂刊本。

〔註72〕黃丕烈《校刊明道本國語札記》敘，國學基本叢書選印《國語》，頁二四一，上海書店，1987 年影印出版。

不能令人滿意。這與《國語》一書的重要程度很不相稱。有鑒於此，筆者想對《國語》研究盡一點綿薄之力。

　　在目前《國語》各種校注本中，徐元誥的《國語集解》在章解之下而能網羅各家之說，並於諸說紛存、文有疑義處以「元誥按」明其取捨，可稱當前《國語》校注本之最佳者。《國語集解》之編撰方式雖善，但其編撰工作有失之粗疏之嫌。其粗疏者主要在《國語》正文文字和注解兩方面。以下就是其具體情況：

# 一、正　文

1. 《國語》正文不定一底本以另本參校，而「以明道、補音二本為據，擇其是者而從之」，〔註73〕從實際情況來看，擇其非而從者有之：

　　公子縶反，致命穆公。穆公曰：「吾與公子重耳，重耳仁。再拜不稽首，不役為後也。起而哭，愛其父也。退而不私，不役於利也。」（《晉語二》，頁二九七）

　　「不役為後也」，韋解：「役，貪也。」「不役於利也」，韋解：「不役，不貪。」

　　《集解》：「宋庠（公序）本役作『沒』，非。」

　　汪遠孫《國語明道本考異·晉語二》曰：「案『沒』字是也。《戰國策·秦策》：『沒利於前而易患於後。』高誘注：『沒，貪也。』與韋注合。」

　　今按：「役」無有訓「貪」者。當以汪說作「沒」為是。朱駿聲《說文通訓定聲》：「沒，叚借又為冒。《晉語》：『不沒為後也。』注：『貪也。』沒、冒雙聲。」「冒」訓「貪」是其常訓。朱氏正用此《晉語二》之例。《左傳·襄公二十四年》：「何沒沒也？將焉用賄？」杜預集解：「沒沒，沈滅之言。」《經典釋文》：「沒沒，如字。一音妹。」王引之《經義述聞·左傳中》：「家大人曰：沒沒，貪也。故下句云：『將焉用賄？』《晉語》：『不沒為後也。』韋注曰：『沒，貪也。』『不沒於利也』，注曰：『不貪利國家也。』《秦策》：『沒利於前而易患於後。』高注曰：『沒，貪也。』《史記·貨殖傳》：『吏士舞文弄法，刻章偽書，不避刀鋸之誅者，沒於賂遺也。』沒，亦貪也。重言之則曰『沒沒』矣。《釋文》：『一音妹。』『妹』與『昧』同音。昧，亦貪也。」

皆其證。故《集解》所云失之,當從汪說及公序本作「沒」爲是。

### 2. 不據明道、公序各本而誤改者:

先王之於民也,懋正其德而厚其性,阜其財求而利其器用,明利害之鄉,以文修之,使務時而避害,懷德而畏威,故能保世以滋大。(《周語上》,頁二~三)

今按:「使務時而避害」,「時」,明道、公序各本皆作「利」。此句乃承上文「明利害之鄉」而云,當作「利」是。作「時」殊爲無據。

### 3. 據類書而誤改正文者:

今天王既封殖越國,以明聞於天下,而又刈之,是天王之無成勞也。雖四方之諸侯,則何實以事吳?(《吳語》,頁五三九)

「而又刈之」,韋解:「芟草曰刈。勞,功也。」

《集解》元誥按:「各本『刈』下有『亡』字,今依《太平御覽・人事部》九十七引《國語》刪。」

今按:依《太平御覽・人事部》九十七引《國語》刪「刈」下「亡」字,疑未審文例,且僅憑類書,殊不足據。「封」、「殖」義類,「刈亡」亦當如之。「刈亡」,與上「封殖」相對成文。「刈」下當從明道、公序各本有「亡」字是。

### 4. 據其前人之說而誤改正文者:

夫晉侯非嗣也,而得其位,霮霮怳惕,保任戒懼,猶曰未也。若將廣其心而遠其鄰,陵其民而卑其上,將何以固守?夫執玉卑,替其贄也;拜不稽首,輕其王也。替贄無鎮,輕王無民。夫天事恒象,任重享大者必速及,故晉侯輕王,人將輕之;欲替其鎮,人亦將替之。(《周語上》,頁三四~三五)

「輕其王也」、「輕王無民」、「故晉侯輕王,人將輕之」,句中數「輕」字,明道、公序各本皆作「誣」。「誣其王也」,韋解:「誣,罔也。」

《集解》:「各本『輕』作『誣』。」並引俞樾曰:「『拜不稽首』,乃不敬,非誣罔也。『誣』蓋『輕』字之誤,古書從巫、從巠之字,往往相溷。《顏氏家訓・書證》篇所謂『巫混巠旁』是也。《大戴禮・曾子立事》篇:『喜

之，而觀其不誣也。』《周書・文王官人》篇作：『喜之，以物以觀其不輕也。』《戰國策・韓策》：『輕強秦之禍。』《韓子・十過篇》作：『輕誣強秦之禍。』蓋『誣』即『輕』字之誤而衍者。並其證也。『拜不稽首』，故爲輕其王，下文云『誣王無民』，又云『晉侯誣王，人亦將誣之』，諸『誣』字皆當作『輕』。韋據誤本作注，失其義矣。」《集解》元誥按：「俞說是，今據以訂正。」

　　今按：韋解未得其義。俞謂「誣」乃不敬，非「誣罔」之「誣」，得其義矣；云「誣」即「輕」字之誤、諸「誣」字皆當作「輕」，疑不必。「誣」字自有「輕」義。《廣雅・釋詁二》：「誣，欺也。」《廣雅・釋訓》：「儚㤵，欺慢也。」「欺慢」同義連文。「慢」與「謾」同。《方言》：「眠娗、脈蜴、賜施、茭媞、譠謾、儚㤵，皆欺謾之語也。楚郢以南東揚之郊通語也。」郭璞注：「六者亦中國相輕易蚩弄之言也。」上文言惠公「不敬王命，棄其禮也」、「陵其民而卑其上」，下章言文公「逆王命敬，奉禮義成。敬王命，順之道也；成禮義，德之則也」，皆應惠公「誣其王」而言，則「誣」當爲「輕慢」、「不敬」之義。《左傳・隱公八年》：「四月甲辰，鄭公子忽如陳逆婦嬀。辛亥，以嬀氏歸。甲寅，入於鄭。陳鍼子送女。先配而後祖。鍼子曰：『是不爲夫婦。誣其祖矣，非禮也，何以能育？』」「誣其祖矣」之「誣」訓「輕」、「不敬」，甚明。《文選・嵇康〈養生論〉》：「然則一漑之益，固不可誣也。而世常謂一怒不足以侵性，一哀不足以傷身，輕而肆之，是猶不識一漑之益，而望嘉穀於旱苗者也。」「輕而肆之」承「固不可誣」而言，故劉良注：「誣，輕也。」是皆「誣」字自有「輕」義之證。「誣」有「輕」義，故可與「輕」換用。《大戴禮・曾子立事》篇：「喜之，而觀其不誣也。」《周書・文王官人》篇作：「喜之，以物以觀其不輕也。」又「誣」有「輕」義而與之同義連文。《戰國策・韓策》：「輕強秦之禍。」《韓子・十過篇》作：「輕誣強秦之禍。」俞氏立說所引書證，一則不足以謂「誣」蓋「輕」字之誤，二則正明「誣」字自有「輕」義。

## 5. 據其己說而誤改正文者：

　　於是乎又審之以事，王治農於籍，蒐於農隙，獮於既烝，狩於畢時，耨穫亦於籍，是皆習民數者也，又何料焉？（《周語上》，頁二五）

　　「耨穫亦於籍」，《集解》元誥按：「此句各本次於『蒐於農隙』下，致述

三時田獵文意間隔，今據《國語發正》所列條次移正。」

今按：《集解》元誥按之說可商。而《國語發正》所列條次亦非如其所云。若依其說，則「耨穫亦於籍」於「王治農於籍」下、「蒐於農隙」上亦可。明道、公序各本「耨穫亦於籍」皆於「蒐於農隙」下。此段文字言農獵事，乃以時序之。「治農於籍」，當於孟春。「蒐於農隙」，韋解：「春田曰蒐。」皆春時也。「獮於既烝」，韋解：「秋田曰獮。烝，升也。《月令》：『孟秋，農乃升穀，天子嘗新。』既升，謂仲秋也。」秋時也。「狩於畢時」，韋解：「冬田曰狩。畢時，時務畢也。」《集解》元誥按：「畢時，猶云『卒歲』也。」冬時也。「耨穫亦於籍」，耨，茠也，除草也。《說文》：「薅，拔去田艸也。茠，薅或從休。」穫，收也。《說文》：「穫，刈穀也。」則「耨穫」之事當於「王治農於籍，蒐於農隙」至「獮於既烝」之間。是言王當以四時之事習民數者也，時序甚明。「耨穫亦於籍」當從各本於「蒐於農隙」之下，以順其序。

## 二、注　解

### 1. 前人有精到發明而遺漏未收者：

若武丁之神明也，其聖之睿廣也，其智之不疚也，猶自謂未乂，故三年默以思道。既得道，猶不敢專制，使以象旁求聖人。既得以爲輔，又恐其荒失遺忘，故使朝夕規誨箴諫，曰：『必交修余，無余棄也。』（《楚語上》，頁五〇四）

「又恐其荒失遺忘」，韋無解。《集解》亦無說。汪遠孫《國語發正・楚語上》：「『荒失遺忘』，四字平列，同義。《廣雅・釋詁二下》：『慌詙，忘也。』『荒失』即『慌詙』。」汪說得其義而《集解》未收入。

### 2. 有諸說紛存、文有疑義處而判斷選擇失誤者：

公之優曰施，通於驪姬。驪姬問焉，曰：「吾欲作大事，而難三公子之徒，如何？」對曰：「早處之，使知其極。夫人知極，鮮有慢心，雖其慢，乃易殘也。」（《晉語一》，頁二五九～二六〇）

「夫人知極，鮮有慢心，雖其慢，乃易殘也」，韋解：「鮮，寡也。言人自知其極，則戒懼不敢違慢覬欲也。」

　　《集解》引王引之說：「鮮有慢心，則不慢矣，何云『慢乃易殘』？上下相反，非其原文也。今案：『鮮』下當有『不』字。下文『雖其慢』，雖讀曰唯，言人知其位已極，則志足意滿，鮮不有怠慢之心，唯其慢，乃有釁可乘，易於殘毀也。韋作注時已脫『不』字，故失其本指，而以爲不敢違慢耳。」

　　《集解》又引俞樾說曰：「韋注非也。鮮當讀爲斯，此言人知其位已極，斯有怠慢之心也。鮮與斯古音相近，《說文》：『霖，从雨鮮聲，讀若斯。』《詩・瓠葉》篇鄭箋曰：『今俗語斯白之字作「鮮」，齊魯之間聲近斯。』竝其證也。下文曰：『雖其慢，乃易殘也。』雖當讀爲唯，唯其怠慢，乃易於殘毀也。王氏知雖之爲唯，而不晤鮮之爲斯，因於『鮮』下增『不』字，失之矣。」

　　《集解》元誥按：「《詩・瓠葉》篇：『有兔斯首。』《釋文》：『斯，鄭作「鮮」。』亦其證。今從俞說。」

　　今按：韋解不誤。王說、俞說及《集解》元誥按皆不可從。「鮮」、「雖」均讀如字。「夫人知極，鮮有慢心，雖其慢，乃易殘也。」乃言使三公子知其極，不論其無慢心或有慢心，皆易於應對。是從正反兩面言之，文義甚顯。王說、俞說殆求之過深。

### 3. 前人諸說皆不得文義而其說亦未得者：

　　言終，魏絳至，授僕人書而伏劍。士魴、張老交止之。僕人授公，公讀書曰：「臣誅於揚干，不忘其死。日君乏使，使臣狃中軍之司馬。臣聞師衆以順爲武，軍事有死無犯爲敬。君合諸侯，臣敢不敬，君不說，請死之。」（《晉語七》，頁四一○）

　　韋解：「狃，正也。」

　　《集解》引俞樾曰：「『狃』之訓『正』，未聞其義。『狃』當讀爲『粗』。《廣雅・釋詁》曰：『粗，厠也。』猶曰『使臣厠中軍之司馬』也。《文選・秋興賦》曰：『攝官承乏，猥厠朝列。』注引《蒼頡篇》曰：『厠，次也。』是其義也。《左傳》作『使臣斯司馬』，疑『斯』即『厠』之誤。古『斯』或作『廝』，與『厠』相似。」〔註74〕

---

〔註74〕《義府・斯》：「左傳襄三年：『使臣斯司馬。』當讀爲廝役之『廝』，謙言爲役於司馬耳。」

　　《集解》元誥按：「《玉篇》：『狃，就也。』狃中軍之司馬，就中軍之司馬也。俞說不必然。」

　　今按：韋解失之。俞說迂遠，不可從。徐說亦未得其義。《左傳‧成公十八年》：「祁奚爲中軍尉，羊舌職佐之，魏絳爲司馬。」《國語‧晉語七》作：「公知祁奚之果而不淫也，使爲元尉。知羊舌職之聰敏肅給也，使佐之。知魏絳之勇而不亂也，使爲元司馬。」韋解：「元司馬，中軍司馬。」《國語‧晉語七》：「公以魏絳爲不犯，使佐新軍。」《國語‧晉語七》後又有：「會諸侯於雞丘，魏絳爲中軍司馬。」《爾雅‧釋言》：「狃，復也。」郭璞注：「狃，狃忕，復爲。」邢昺疏引孫炎云：「狃，狃忕，前事復爲也。」《詩‧鄭風‧大叔於田》：「將叔無狃，戒其傷女。」鄭玄箋：「狃，復也。」《玉篇‧犬部》亦有：「狃，復也。」前云：「知魏絳之勇而不亂也，使爲元司馬。」後云：「會諸侯於雞丘，魏絳爲中軍司馬。」則「日君乏使，使臣狃中軍之司馬」之「狃」訓「復」、「前事復爲也」明矣。

## 4. 前人諸說皆不得文義而其亦未有新說者：

古者，太史順時覛土，陽癉憤盈，土氣震發，農詳晨正，日月底於天廟，土乃脈發。先時九日，太史告稷曰：『自今至於初吉，陽氣俱蒸，土膏其動。弗震弗渝，脈其滿眚，穀乃不殖。』稷以告王曰：『史帥陽官以命我司事曰：「距今九日，土其俱動，王其祗祓，監農不易。」』（《周語上》，頁一六～一七）

　　「陽癉憤盈，土氣震發」，韋解：「癉，厚也。」

　　《集解》：「《舊音》：『癉，丁佐反。』《方言》：『楚謂怒爲癉。』孔晁云：『癉，起。憤，盛也。盈，滿。震，動也。言陽氣起而盛滿，則震動發也。』宋庠曰：『癉，又音得案反。』元誥按：孔說是。」

　　今按：諸說未審文例，於「癉」疑皆失其訓。《素問‧瘧論》：「手足熱而欲嘔，名曰癉瘧。」王冰注：「癉，熱也。」《漢書‧嚴朱吾丘主父徐嚴終王賈傳》：「南方暑濕，近夏癉熱。」「癉」「熱」連文，義同。朱駿聲《說文通訓定聲》：「癉，叚借爲燀。」《文選‧何晏〈景福殿賦〉》：「故冬不淒寒，夏無炎燀。」「炎燀」平列，且與「淒寒」對文，「燀」殆謂「熱」無疑。張銑注：「燀，熱氣。」「陽癉憤盈，土氣震發」，對文甚工，「癉」、「氣」義當類。下文：「陽氣俱蒸，土膏其動。」是其證。《周語下》：「水無沈氣，火無災燀。」

亦「氣」、「燀」對文，是其比。陽氣熱暖，故「陽癉」之「癉」，當讀爲「燀」，熱也。

5. 文義不明，前人不爲之解而其亦付闕如者：

二三大夫其戒之乎，亂本生矣！日，君以驪姬爲夫人，民之疾心固皆至矣。昔者之伐也，起百姓以爲百姓也，〔註75〕是以民能欣之，故莫不盡忠極勞以致死也。今君起百姓以自封也，民外不得其利，而內惡其貪，則上下既有判矣。然而又生男，其天道也？天彊其毒，民疾其態，其亂生哉！（《晉語一》，頁二五五～二五六）

「民疾其態」，韋無解。《集解》無說。

今按：「天彊其毒，民疾其態」，「態」、「毒」對文，其義類。「毒」，訓「惡」。《廣雅·釋詁三》：「毒，惡也。」王念孫《廣雅疏證》：「昭四年《左傳》云：『天或者欲逞其心以厚其毒而降之罰。』毒，猶惡也。」「態」當讀爲「慝」，訓「姦惡」。《廣雅·釋詁三》：「慝、毒，惡也。」《荀子·成相》：「讒夫多進，反覆言語生詐態。」王念孫《讀書雜志·荀子第八·成相》：「念孫案：『態』，讀爲『姦慝』之『慝』。言言語反覆，則詐慝從此生也。襄四年《左傳》：『樹之詐慝，以取其國家。』以『態』爲『慝』者，古聲不分去入也。《秦策》曰：『科條既備，民多僞態。』又曰：『上畏大後之嚴，下惑姦臣之態。』《淮南·齊俗》篇曰：『禮義飾，則生僞態之本。』《漢書·李尋傳》曰：『賀良等反道惑眾，姦態當窮竟。』皆借『態』爲『慝』，非『姿態』之『態』也。」是其證。《晉語二》：「民疾君之侈也，是以遂於逆命。今嘉其夢，侈必展，是天奪之鑒而益其疾也。民疾其態，天又誑之。」「民疾其態」，「態」，亦當訓「惡」。是其比。

本文重點就是針對徐元誥《國語集解》存在的上述此類未盡人意之處，以前人研究成果爲基礎，遵循傳統的乾嘉學派小學考據方法，參校明道、公序二本，以校勘、訓詁爲手段，以《國語》本書爲內證，以相關典籍如《左傳》、《史記》、《管子》、《韓非子》、《呂氏春秋》、《淮南子》、《說苑》、《新序》、《吳越春秋》等及相關出土文獻爲佐證，以傳統的校詁箚記的形式，對《國語集解》作校訂、補充。對《國語》異文、各家異說在證據充分的情況下作出甄別，對前人之說可商榷處提出自己的意見，對當注而前人未注之處作補

---

〔註75〕　「起」，明道本作「興」。

注，對和《國語》關聯的相關典籍的相關部分前人注說可商榷處提出自己的意見。文中所引《國語》正文、集解一依徐元誥《國語集解》（王樹民、沈長雲點校《國語集解》，中華書局 2002 年版、2006 年修訂本），文後括弧內標明頁數，以便稽檢。

　　本篇博士學位論文只是我學習研究《國語》的一個開始。囿於學力、識斷、材料，文中不當之處難免，望方家、同好指正。

# 《國語集解》訂補

## 《周語》

### 兵戢而時動

先王耀德不觀兵。夫兵戢而時動，動則威，觀則玩，玩則無震。是故周文公之《頌》曰：『載戢干戈，載櫜弓矢。我求懿德，肆於時夏，允王保之。』（《周語上》，頁二）

「夫兵戢而時動」，韋解：「戢，聚也。」

《集解》：「《文選·歎逝賦》李注引賈逵曰：『戢，藏也。』吳曾祺曰：『戢，斂也，訓「聚」非。』」

今按：韋解不誤。吳說知一十不知二五。「戢」訓「斂」、訓「聚」，義一也。《爾雅·釋詁下》：「戢，聚也。」邢昺疏：「戢者，藏聚也。」《詩·周頌·時邁》：「載戢干戈，載櫜弓矢。」毛傳：「戢，聚也。」《左傳·文公十八年》：「聚斂積實，不知紀極。」「聚斂積實」，四字平列，則「聚」「斂」義同可知。

### 務時而避害

先王之於民也，懋正其德而厚其性，阜其財求而利其器用，明利害之鄉，以文修之，使務時而避害，懷德而畏威，故能保世以滋大。（《周語上》，頁二～三）

「使務時而避害」，「時」，明道、公序各本皆作「利」。

今按：此句乃承上文「明利害之鄉」而云，當作「利」是。《說文》：「務，趣也。」「趣」、「趨」通作，古書習見。今人猶言「趨利避害」，亦可證之。

## 蕃庶　和協輯睦

夫民之大事在農，上帝之粢盛於是乎出，民之蕃庶於是乎生，事之供給於是乎在，和協輯睦於是乎興，財用蕃殖於是乎始，敦厖純固於是乎成，是故稷爲天官。（《周語上》，頁一五～一六）

「民之蕃庶於是乎生」，韋解：「蕃，息也。庶，眾也。」《集解》無他說。

今按：韋訓「蕃」爲「息」未確。「蕃」、「庶」連文，義同。《漢書・刑法志》：「是以罔密而姦不塞，刑蕃而民愈嫚。」顏師古注：「蕃，多也。」是其證。「蕃」亦當訓「眾、多。」

「和協輯睦於是乎興」，韋解：「協，合也。輯，聚也，睦，親也。」《集解》無他說。

今按：韋訓「輯」爲「聚」，失之。「和協輯睦」四字平列，義同。《爾雅・釋詁上》：「輯，和也。」《詩・大雅・抑》：「輯柔爾顏。」毛傳：「輯，和也。」是其證。《晉語一》：「君盍使之伐狄，以觀其果於眾也，與眾之信輯睦焉。」韋解：「輯，和也。」不誤。

## 陽癉憤盈

古者，太史順時覛土，陽癉憤盈，土氣震發，農詳晨正，日月底於天廟，土乃脈發。先時九日，太史告稷曰：『自今至於初吉，陽氣俱蒸，土膏其動。弗震弗渝，脈其滿眚，穀乃不殖。』稷以告王曰：『史帥陽官以命我司事曰：「距今九日，土其俱動，王其祗祓，監農不易。」』（《周語上》，頁一六～一七）

「陽癉憤盈，土氣震發」，韋解：「癉，厚也。憤，積也。盈，滿也。震，動也。發，起也。」

《集解》：「《舊音》：『癉，丁佐反。』《方言》：『楚謂怒爲癉。』孔晁云：『癉，起。憤，盛也。盈，滿。震，動也。言陽氣起而盛滿，則震動發也。』宋庠曰：『癉，又音得案反。』吳曾祺曰：『憤與僨通，動也。』元誥按：孔

說是。」

今按：諸說未審文例，於「癉」疑皆失其訓。《素問・瘧論》：「手足熱而欲嘔，名曰癉瘧。」王冰注：「癉，熱也。」《漢書・嚴朱吾丘主父徐嚴終王賈傳》：「南方暑濕，近夏癉熱。」「癉」「熱」連文，義同。朱駿聲《說文通訓定聲》：「癉，叚借爲燀。」《文選・何晏〈景福殿賦〉》：「故冬不淒寒，夏無炎燀。」「炎燀」平列，且與「淒寒」對文，「燀」殆謂「熱」無疑。張銑注：「燀，熱氣。」「陽癉憤盈，土氣震發」，對文甚工，「癉」、「氣」義當類。下文：「陽氣俱蒸，土膏其動。」是其證。《周語下》：「水無沈氣，火無災燀。」亦「氣」、「燀」對文，是其比。陽氣熱暖，故「陽癉」之「癉」，當讀爲「燀」，熱也。〔註1〕「憤盈」二字平列，「憤」當訓「盛」，於文義爲長。

## 耨穫亦於籍

於是乎又審之以事，王治農於籍，蒐於農隙，獮於既烝，狩於畢時，耨穫亦於籍，是皆習民數者也，又何料焉？（《周語上》，頁二五）

「耨穫亦於籍」，《集解》元誥按：「此句各本次於『蒐於農隙』下，致述三時田獵文意間隔，今據《國語發正》所列條次移正。」

今按：《集解》元誥按之說可商。若依其說，則「耨穫亦於籍」於「王治農於籍」下、「蒐於農隙」上亦可。明道、公序各本「耨穫亦於籍」皆於「蒐於農隙」下。此段文字言農獵事，乃以時序之。「治農於籍」，當於孟春。「蒐於農隙」，韋解：「春田曰蒐。」皆春時也。「獮於既烝」，韋解：「秋田曰獮。烝，升也。《月令》：『孟秋，農乃升穀，天子嘗新。』既升，謂仲秋也。」秋

〔註1〕《漢書・嚴朱吾丘主父徐嚴終王賈傳》：「南方暑濕，近夏癉熱。」顏師古注：「癉，黃病。音丁幹反。」王念孫《讀書雜志・漢書第十一》：「念孫案：訓癉爲黃病，則『癉熱』二字義不相屬。顏說非也。今案：癉者，盛也。《周語》曰：『陽癉憤盈。』言陽盛憤盈也。字通作『僤』，又作『憚』。《大雅・板》篇：『下民卒癉。』《釋文》：『癉』作『僤』。《爾雅・釋詁》注引《小雅・大東》篇『哀我癉人』，今本『癉』作『憚』。《大雅・桑柔》篇曰：『逢天僤怒。』言盛怒也。《秦策》曰：『王之威亦憚矣。』言威之盛也。說見《秦策》。《呂氏春秋・重己》篇：『衣不燀熱。』高注曰：『燀，讀爲亶。亶，厚也。』義與『癉熱』亦相近。癉熱，即盛熱。言南方暑濕之地，近夏則盛熱也。下文『疾癘多作』，乃始言疾病耳。」今按：王說疑亦失之。其引《大雅・板》、《小雅・大東》、《大雅・桑柔》及《秦策》之文，義殆與此「癉熱」無涉。《漢書・嚴朱吾丘主父徐嚴終王賈傳》之「癉熱」，同「燀熱」。「燀熱」、「癉熱」皆平列同義，「燀」、「癉」通，均當訓「熱」。

時也。「狩於畢時」，韋解：「冬田曰狩。畢時，時務畢也。」《集解》元誥按：「畢時，猶云『卒歲』也。」冬時也。「耨穫亦於籍」，耨，茠也，除草也。《說文》：「薅，拔去田艸也。茠，薅或從休。」穫，收也。《說文》：「穫，刈穀也。」則「耨穫」之事當於「王治農於籍，蒐於農隙」至「獮於既烝」之間。是言王當以四時之事習民數者也，時序甚明。「耨穫亦於籍」當從從各本於「蒐於農隙」之下，以順其序。

## 齊明衷正　貪冒辟邪

國之將興，其君齊明衷正、精潔惠和，其德足以昭馨香，其惠足以同其民人。神饗而民聽，民神無怨，故明神降之，觀其德政而均布福焉。國之將亡，其君貪冒辟邪，淫洸荒怠，麤穢暴虐，其政腥臊，馨香不登，其刑矯誣，百姓攜貳。明神不蠲，而民有遠志，民神怨痛，無所依懷，故神亦往焉，觀其苛慝，而降之禍。（《周語上》，頁二八～二九）

「其君齊明衷正」，韋解：「齊，一也。」《集解》無他說。

今按：韋解非是。「齊」，同「齋」，當訓「敬」、「肅」、「莊」。《禮記・中庸》：「齊莊中正，足以有敬也。」陸德明《經典釋文》：「齊，側皆反。」《詩・大雅・思齊》詩序：「思齊，文王所以聖也。」陸德明《經典釋文》：「齊，側皆反。本亦作齋。齋，莊也。」《廣雅・釋詁》：「齋，敬也。」《玉篇》、《廣韻》同。《楚語下》：「毛以示物，血以告殺，接誠拔取以獻具，為齊敬也。」「齊敬」，同義連文。「明」當與「齊」同義。《禮記・禮運》：「故君者所明也，非明人者也。」鄭玄注：「明，猶尊也。」《荀子・非相》：「知行淺薄，曲直有以相縣矣。然而仁人不能推，知士不能明。」楊倞注：「曲直，猶能否也。言智慮德行至淺薄，其能否與人又相縣遠，而不能推讓明白之。言不知己之不及也。」王念孫《讀書雜志・荀子第二》：「念孫案：楊以明為明白，非也。明者，尊也。言不能尊智士也。『仁人不能推，智士不能明。』『明』與『推』皆尊崇之謂也。古者多謂『尊』為『明』。《禮運》：『故君者所明也，非明人者也。』《大傳》：『庶子不祭，明其宗也。』鄭注竝曰：『明，猶尊也。』《祭義》：『明命鬼神。』鄭注曰：『明命，猶尊名也。』《晉語》曰：『晉公子可謂賢矣！而君蔑之，是不明賢也。』《管子・牧民篇》：『明鬼神，祗山川。』《墨子・明鬼篇》：『鬼神不可不尊明也。』皆其證矣。」《周語中》：「尊貴、明賢、庸勳、長老、愛親、禮新、親舊。」「尊」、「明」對舉。

《禮記・中庸》：「齊莊中正，足以有敬也。」。《楚語下》：「民之精爽不攜貳者，而又能齊肅衷正。」「齊莊中正」、「齊肅衷正」，義即「齊明衷正」。《楚語下》：「自公以下至於庶人，起誰敢不齊肅恭敬致力於神。」「齊肅恭敬」，四字同義複用。

「其君貪冒辟邪。」韋解：「冒，抵冒也。」《集解》無他說。

今按：韋解失之。「貪」、「冒」連文，義同。「冒」亦「貪」也。《左傳・文公十八年》：「貪於飲食，冒於貨賄。」「貪」、「冒」對舉，杜預集解：「貪，亦冒也。」《左傳・襄公四年》：「在帝夷羿，冒於原獸，忘其國恤，而思其麀牡。」杜預集解：「貪，冒也。」是其證。《鄭語》：「虢叔恃勢，鄶仲恃險，是皆有驕侈怠慢之心，而加之以貪冒。」是其比。

## 今虢少荒

王曰：「今是何神也？」對曰：「昔昭王娶於房，曰房后，實有爽德，協於丹朱，丹朱憑身以儀之，生穆王焉。是實臨照周之子孫而禍福之。夫神壹，不遠徙遷，若由是觀之，其丹朱之神乎？」王曰：「其誰受之？」對曰：「在虢土。」王曰：「然則何爲？」對曰：「臣聞之，道而得神，是謂逢福。淫而得神，是謂貪禍。今虢少荒，其亡乎？」（《周語上》，頁三〇）

「今虢少荒」，韋無解。《集解》亦無說。

今按：「少」，當訓「薄」。《大戴禮記・文王官人》：「首成功，少其所不足。」王聘珍解詁：「少，猶薄也。」《戰國策・趙策三》：「君安能少趙人，而令趙人多君？」鮑彪注：「少、多，猶薄、厚。」《左傳・莊公三十二年》：「虢多涼德，其何土之能得！」杜預集解：「涼，薄也。」少，乃言虢之德薄。「荒」，當訓「廢」、「亂」。《大戴禮記・誥志》：「誥志無荒。」王聘珍解詁：「荒，廢也。」《淮南子・主術訓》：「狡躁康荒，不愛民力。」高誘注：「荒，亂也。」《詩・唐風・蟋蟀》：「好樂無荒，良士瞿瞿。」鄭玄箋：「荒，廢亂也。」《詩・齊風・還》詩序：「還，刺荒也。」鄭玄箋：「荒，謂政事廢亂。」荒，當指虢政事廢亂。「少荒」，則言德薄政亂。

## 昭明物則以訓之　虞其處者

民之所急在大事，先王知大事之必以眾濟也，是故祓除其心，以和惠民。考中度衷以蒞之，昭明物則以訓之，制義庶孚以行之。祓除其心，精也；

考中度衷，忠也；；昭明物則，禮也；制義庶孚，信也。然則長衆使民之道，非精不和，非忠不立，非禮不順，非信不行。今晉侯即位而背外內之賂，虐其處者，棄其信也；不敬王命，棄其禮也；施其所惡，棄其忠也；以惡實心，棄其精也。四者皆棄，則遠不至而近不和矣，將何以守國？（《周語上》，頁三二～三三）

「昭明物則以訓之」，韋解：「物，事也。則，法也。」《集解》無他說。

今按：韋訓「物」為「事」，失之。「物則」連文，「物」，疑亦訓「法」。王引之《經義述聞・通說上・物》：「引之謹案：物之為事，常訓也。又訓為類。《繫辭傳》：『爻有等，故曰物。』韓注曰：『等，類也。』桓二年《左傳》：『五色比象，昭其物也。』謂昭其比類也。杜注云：示器物不虛設。失之。宣十二年《傳》：『百官象物而動。』杜注：物，猶類也。《周語》：『象物天地，比類百則。』象物，猶比類也。《方言》曰：『類，法也。』物訓為類，故又有法則之義。《大雅・烝民》篇：『天生烝民，有物有則。』《孟子・告子》篇引此而釋之曰：有物必有則，言其性有所象類，則其情必有所法效。性有象類，秉夷之謂也；情有法效，好是懿德之謂也。故下文遂曰：民之秉夷也，故好是懿德。《周語》：『昭明物則以訓之。』物，猶則也。韋注訓物為事，失之。又曰：『比之地物，則非義也；類之民則，則非仁也。』物也，則也，皆法也。隱五年《左傳》：『君將納民於軌物者也，故講事以度軌量謂之軌，取材以章物采謂之物。不軌不物，謂之亂政。』軌也，物也，皆法也。」是其證。

「虐其處者」，韋解：「虐其處者，殺里、丕之黨也。」《集解》無他說。

今按：韋解其大意得之。《說文》：「虐，殘也。」《爾雅・釋言》：「獵，虐也。」邵晉涵正義：「古者以殺為虐。」《左傳・昭公十四年》：「歸魯季孫，稱其詐也，以寬魯國，晉不為虐。」孔穎達正義：「虐是殺害之名。」虐當訓殺。然「處」韋未有解。《晉語三》：「背君賂，殺里克，而忌處者。」韋解：「處者，國中大夫也。」此「處者」謂「國中大夫」，當是。或曰「虐其處者」之「處者」亦謂驪姬之亂時未隨二公子出亡而留居國中之大夫。說似可商。「處者」上之「其」及下文數「其」字，皆謂惠公。若曰「處者」謂留居國中之大夫，則上不當有「其」字。如《晉語三》：「殺里克，而忌處者。」惠公所殺者，里、丕之黨也，而非所有留居國中之大夫。「處」，疑讀為「據」。處，上古屬昌母魚部；據，上古屬見母魚部。音近，當可通假。《集韻・御韻》：「據，

居御切。俗作攄。」攄，從慮得聲。慮即處。《集韻・御韻》：「處，居御切。
闕。人名，齊有梁丘處，通作據。」《戰國策・齊策三》：「猿獼猴錯木據水，
則不若魚鱉。」高誘注：「據，處也。」是其證。《說文》：「據，杖持也。」
段注：「謂倚杖而持之也。杖者人所據。凡所據者皆曰杖。」《廣韻・御韻》：
「據，依也。」《詩・邶風・柏舟》：「亦有兄弟，不可以據。」毛傳：「據，
依也。」《韓詩外傳》卷一：「傳曰：所謂士者，雖不能盡乎道術，必有由也；
雖不能盡乎美善，必有處也。」「處」、「由」對舉，其義一也。《晉語一》：「民
各有心而無所據依。」「據依」同義連文，韋解：「據，仗也。」處者，即據
者，依仗之人也。惠公所依仗者，里、丕之黨也。非里、丕，夷吾無以入晉
為君。《晉語三》：「以君之出也處己，入也煩己，饑食其糴，三施而無報，故
來。」韋昭注：「處己，在梁依秦。」處，依也。是其比。《左傳・僖公十五
年》作：「出因其資，入用其寵，饑食其粟，三施而無報，是故以來。」《廣
韻・脂韻》：「資，助也。」處、資，其義相類。《晉語三》：「殺其內主，背其
外賂。」「內主」，韋解：「謂里、丕也。」《周禮・天官・大宰》：「六曰主，
因利得民。……八曰友，以任得民。」俞樾《羣經平議・周官一》：「按六曰
主，與下文八曰友，義蓋相近。……主也、友也，皆人所因依者也。」孫詒
讓正義：「案：俞引《調人》及《曾子制言》，證此經文之主友，其說致塙。」
「內主」、「外主」，《左傳》習見，謂國內因依、幫助之人、國外因依、幫助
之人。《晉語三》之「殺其內主」，與此文之「虐其處者」義同；「處者」與「內
主」，所指相當。

## 輕其王也　輕王無民　故晉侯輕王　人將輕之

夫晉侯非嗣也，而得其位，矕矕忧惕，保任戒懼，猶曰未也。若將廣其
心而遠其鄰，陵其民而卑其上，將何以固守？夫執玉卑，替其贄也；拜
不稽首，輕其王也。替贄無鎮，輕王無民。夫天事恆象，任重享大者必
速及，故晉侯輕王，人將輕之；欲替其鎮，人亦將替之。（《周語上》，頁
三四～三五）

「輕其王也」、「輕王無民」、「故晉侯輕王，人將輕之」，句中數「輕」字，
明道、公序各本皆作「誣」。「誣其王也」，韋解：「誣，罔也。」

《集解》：「各本『輕』作『誣』。」並引俞樾曰：「『拜不稽首』，乃不
敬，非誣罔也。『誣』蓋『輕』字之誤，古書從巫、從巠之字，往往相溷。

《顏氏家訓‧書證》篇所謂『巫混丞旁』是也。《大戴禮‧曾子立事》篇：『喜之，而觀其不誣也。』《周書‧文王官人》篇作：『喜之，以物以觀其不輕也。』《戰國策‧韓策》：『輕強秦之禍。』《韓子‧十過篇》作：『輕誣強秦之禍。』蓋『誣』即『輕』字之誤而衍者。並其證也。『拜不稽首』，故爲輕其王，下文云『誣王無民』，又云『晉侯誣王，人亦將誣之』，諸『誣』字皆當作『輕』。韋據誤本作注，失其義矣。」《集解》元誥按：「俞說是，今據以訂正。」

　　張以仁《國語斠證》：「且誣字亦可通，俞氏輕斷，不可從也。」〔註2〕

　　今按：韋解未得其義。俞謂「誣」乃不敬，非「誣罔」之「誣」，得其義矣；云「誣」即「輕」字之誤、諸「誣」字皆當作「輕」，疑不必。「誣」字自有「輕」義。《廣雅‧釋詁二》：「誣，欺也。」《廣雅‧釋訓》：「憪他，欺慢也。」「欺慢」同義連文。「慢」與「謾」同。《方言》：「眠娗、脈蝪、賜施、茭媞、譠謾、憪他，皆欺謾之語也。楚郢以南東揚之郊通語也。」郭璞注：「六者亦中國相輕易蚩弄之言也。」上文言惠公「不敬王命，棄其禮也」、「陵其民而卑其上」，下章言文公「逆王命敬，奉禮義成。敬王命，順之道也；成禮義，德之則也」，皆應惠公「誣其王」而言，則「誣」當爲「輕慢」、「不敬」之義。《左傳‧隱公八年》：「四月甲辰，鄭公子忽如陳逆婦媯。辛亥，以媯氏歸。甲寅，入於鄭。陳鍼子送女。先配而後祖。鍼子曰：『是不爲夫婦。誣其祖矣，非禮也，何以能育？』」「誣其祖矣」之「誣」訓「輕」、「不敬」，甚明。《文選‧嵇康〈養生論〉》：「然則一漑之益，固不可誣也。而世常謂一怒不足以侵性，一哀不足以傷身，輕而肆之，是猶不識一漑之益，而望嘉穀於旱苗者也。」「輕而肆之」承「固不可誣」而言，故劉良注：「誣，輕也。」是皆「誣」字自有「輕」義之證。「誣」有「輕」義，故可與「輕」換用。《大戴禮‧曾子立事》篇：「喜之，而觀其不誣也。」《周書‧文王官人》篇作：「喜之，以物以觀其不輕也。」又「誣」有「輕」義而與之同義連文。《戰國策‧韓策》：「輕強秦之禍。」《韓子‧十過篇》作：「輕誣強秦之禍。」俞氏立說所引書證，一則不足以謂「誣」蓋「輕」字之誤，二則正明「誣」字自有「輕」義。張說是，然未審其詳。

〔註 2〕《國語斠證》，頁六三，臺灣商務印書館股份有限公司，1969 年 7 月初版。

## 勳力　不徵於他

鄭在天子，兄弟也。鄭武、莊有大勳力於平、桓，我周之東遷，晉、鄭是依。子頹之亂，又鄭之緣定。今以小忿棄之，是以小怨置大德也，無乃不可乎！且夫兄弟之怨，不徵於他，徵於他，利乃外矣。章怨外利，不義；棄親即狄，不祥；以怨報德，不仁。(《周語中》，頁四五～四六)

「鄭武、莊有大勳力於平、桓」，韋解：「王功曰勳。」於「力」未有解。《集解》亦無說。

今按：「勳力」二字平列，「力」亦「勳」也。《玉篇・力部》：「力，勳也。」《晉語五》：「子之力也夫？」韋解：「力，功也。」王念孫《讀書雜志・荀子第三》、王引之《經義述聞・左傳中》皆有「力」訓「功」之說，不煩引。

「不徵於他」，韋解：「徵，召也。他，謂狄人。」

《集解》引俞樾曰：「徵，猶證也。《禮記・中庸》篇：『雖善無徵。』又曰：『徵諸庶民。』鄭注曰：『徵，或為證。』是徵、證義通。不徵於他，言兄弟雖有怨，不就他人而證驗其是非也。韋注失之。」

今按：韋解不誤。俞說未審文義，不可從。「徵」當如韋解訓「召」。上文：「王怒，將以狄伐鄭。」明言欲召狄以伐鄭。非俞所謂「就他人而證驗其是非也」。

## 明賢　庸勳　審固其心力

尊貴、明賢、庸勳、長老、愛親、禮新、親舊。然則民莫不審固其心力以役上令，官不易方，而財不匱竭，求無不至，動無不濟。百姓兆民，夫人奉利而歸諸上，是利之內也。若七德離叛，民乃攜貳，各以利退，上求不暨，是其外利也。(《周語中》，頁四八)

「明賢」韋解：「明，顯也。」《集解》無他說。

今按：韋解於義稍隔。「尊」、「明」對文，其義一也。《左傳・僖公二十四年》作：「庸勳、親親、暱近、尊賢，德之大者。」可證。「明」訓「尊」，說詳見《周語上》「其君齊明衷正」之訂補。

「庸勳」，韋解：「庸，用也。」《集解》無他說。

今按：韋解不確。《廣韻・鍾韻》：「庸，功也。」《晉語七》：「無功庸者，不敢居高位。」韋昭注：「國功曰功，民功曰庸。」「功庸」連文，其義一也。

《左傳・昭公三十二年》:「俾我一人無徵怨於百姓,而伯父有榮施,先王庸之。」杜預集解:「庸,功也。」《爾雅・釋詁上》:「庸,勞也。」王引之《經義述聞・爾雅上》:「家大人曰:勞有三義:一爲勞苦之勞,一爲功勞之勞,一爲勞來之勞。」此處當爲功勞之勞。《左傳・僖公二十四年》:「庸勳、親親、暱近、尊賢,德之大者。」杜預集解:「庸,用也。」亦誤,亦當訓爲功。《晉語四》:「昭舊族,愛親戚,明賢良,尊貴寵,賞功勞,事耆老,禮賓旅,友故舊。」其中「賞功勞」即與「庸勳」義同。

「然則民莫不審固其心力以役上令」,「審固」,韋無解。《集解》亦無說。

今按:「審固」,同義連文,當皆訓安、定。《呂氏春秋・順民》:「故凡舉事,必先審民心,然後可舉。」高誘注:「審,定也。」《莊子・徐无鬼》:「故水之守土也審,影之守人也審,物之守物也審。」成玄英疏:「審,安定也。夫水非土則不安,影無人則不見,物無造物則不立。故三者相守而自以爲固。」王先謙集解:「物各守其類,言皆止而不移。」是皆「審」訓「安、定」之證。《周語下》:「和平則久,久固則純。」《魯語上》:「帝嚳能序三辰以固民。」韋昭竝解:「固,安也。」《詩・魯頌・泮水》:「式固爾猶,淮夷卒獲。」陳奐《詩毛氏傳疏》:「固,安也,定也。」「審固」由「安、定」可得「不移、不易」義。《易・繫辭下》:「恒,德之固也。」韓康伯注:「固,不傾移也。」《荀子・君道》:「人習其事而固。」王先謙集解:「固者,不移易之謂。」下文「官不易方」之「易」,與之相應。

## 縮取備物

叔父若能光裕大德,更姓改物,以創制天下,自顯庸也,而縮取備物,以鎮撫百姓,余一人其流闢旅於裔土,何辭之有與?(《周語中》,頁五二~五三)

「縮取備物」,韋解:「縮,引也。」

《集解》引陳瑑曰:「《爾雅・釋詁》:『縱、縮,亂也。』此文蓋謂晉文亂法以取備物,故曰縮取。」

今按:韋解不誤。陳說未審文例、文義,不可從。襄王此處謂「叔父若能光裕大德,更姓改物,以創制天下」,是言晉文若取而代之,「縮取備物,以鎮撫百姓」,其乃無話可說。晉文若自爲王,則「縮取備物」當以法取之,

不可謂亂取。「縮取」、「鎮撫」,皆平列同義。「縮」,亦「取」也。「縮」,之言「揥」也。朱駿聲《說文通訓定聲》:「縮,叚借又爲揥。」《廣雅‧釋詁一》:「揥,引也。」《戰國策‧秦策五》:「安君北面再拜賜死,縮劍將自誅。」高誘注:「縮,取。」鮑彪注:「縮,當作揥。《集韻》:『揥,引也。』」是其證。

## 王以晉君爲德

王以晉君爲德,故勞之以陽樊。陽樊懷我王德,是以未從於晉。謂君其何德之布以懷柔之,使無有遠志?(《周語中》,頁五四)

「王以晉君爲德」,韋解:「爲能布德行。」

《集解》:「明道、宋庠各本『爲』下有『能』字,今依董本。」

今按:《集解》刪「能」字,殊爲無據。當從明道、公序各本作「能德」是。韋解:「爲能布德行。」亦可見其當有「能」字。然韋解未爲確詁。此處「能」、「德」連文,其義相類。能,才能、賢能之謂也。《論語‧述而》:「以能問於不能,以多問於寡。」皇侃疏:「能,才能也。」《廣韻‧登韻》:「能,賢能也。」《魯語下》:「使予欺君,謂予能也。能而欺其君,敢享其祿而立其朝乎?」韋昭注:「能,賢能也。」「王以晉君爲能德」,猶言王謂晉君德才兼備。

## 薦體

且唯戎狄則有薦體。夫戎狄,冒沒輕儳,貪而不讓。其血氣不治,若禽獸焉。其適來班貢,不俟馨香嘉味,故坐諸門外,而使舌人體委與之。(《周語中》,頁五八)

「且唯戎狄則有薦體」,「薦體」明道、公序各本皆作「體薦」。韋解:「體,委與之也。」

今按:當從明道、公序各本皆作「體薦」是。下文:「而使舌人體委與之。」可證。韋解:「體,委與之也。」不明所以,殆整理者不明韋解體例而失之。韋解有省卻被釋之語,徑直以注解置於被釋之語(正文)下者。《周語上》:「夫獸三爲羣。」韋解:「自三以上爲羣。」是其例。此處應作:「(體薦),體委與之也。」整理者不察,而誤以「體」爲被釋之語,「委與之也」爲解。體,

此處當指牲之全身、全體。與上文「全烝」相應。「薦」,謂「進、獻」,是其常訓。「委」、「與」連文,其義一也。《戰國策‧魏策四》:「魏委國於王,而王不受,故委國於趙也。」鮑彪注:「委,與之。」可證。「委與」,皆謂「與」也。此乃以「委與」連文訓「薦」。

## 不亦簡彝乎

今陳侯不念胤續之常,棄其伉儷妃嬪,而帥其卿佐以淫於夏氏,不亦瀆姓矣乎?陳,我大姬之後也。棄袞冕而南冠以出,不亦簡彝乎?(《周語中》,頁六八～六九)

「不亦簡彝乎」,韋解:「簡,略也。彝,常也。言棄其禮,簡略常服。」

《集解》引俞樾曰:「注以簡彝為簡略常服,文義未安。《爾雅‧釋詁》曰:『夷,易也。』彝與夷古通用。簡彝即簡易,棄袞冕而南冠以出,是簡易也,故曰『不亦簡彝乎?』」

今按:韋注訓「彝」為「常」,不誤。俞說不可從。《爾雅‧釋詁上》:「彝,常也。」郭璞注:「彝,謂常法耳。」《詩‧大雅‧烝民》:「民之秉彝,好是懿德。」毛傳:「彝,常也。」《廣韻‧脂韻》:「彝,法也。」彝,常也,常法、常禮也。上文「無從非彝」、「今陳侯不念胤續之常」,是其比。韋解「簡,略也」及訓「簡彝」為「簡略常服」,則失之。「簡」,此處非「簡略」之「簡」,乃「簡棄」之「簡」。《韓非子‧有度》:「此數物者,險世之說也,而先王之法所簡也。」王先慎集解引盧文弨曰:「簡,棄也。」《戰國策‧燕策三》:「仁不輕絕,智不簡功。簡棄大功者,輟也;輕絕厚利者,怨也。」鮑彪注:「簡,猶棄也。」「簡」、「棄」連文,其義一也。《新序‧雜事》作:「仁不輕絕,知不簡功。簡棄大功者,仇也;輕絕厚利者,怨也。」石光瑛校釋:「鮑注是,簡功,謂輕棄前日之功也。」「簡彝」,謂「違棄常禮、常法」。

## 為臣必忠

臣聞之,為臣必忠,為君必君。寬肅宣惠,君也。敬恪恭儉,臣也。(《周語中》,頁六九～七○)

「為臣必忠」,「忠」明道、公序各本皆作「臣」。

今按:此是言君臣之道,君君臣臣也。下文:「為君必君。」則此當謂:「為臣必臣。」故當從明道、公序各本皆作「臣」是。

## 必廣其身

今夫二子者儉，其能足用矣，用足則族可以庇。二子者侈，侈則不恤匱，匱而不恤，憂必及之，若是，則必廣其身。（《周語中》，頁七〇）

「若是，則必廣其身」，韋解：「廣，大也。務自大，不顧其上也。」《集解》無他說。

今按：韋解疑未確。「廣」，是承上文「侈則不恤匱，匱而不恤」之「匱」而言，疑讀爲「曠」。廣、曠通作，古書習見。《玉篇·日部》：「曠，空也。」《越語下》：「田野開闢，府倉實，民眾殷。無曠其眾，以爲亂梯。」韋解：「曠，空也。」《左傳·昭公十年》：「喪夫人之力，棄德曠宗，以及其身，不亦害乎。」杜預集解：「曠，空也。」是其證。「廣其身」，義殆與《孟子·告子下》「空乏其身」同。

## 其何以待之

今郤至在七人之下而欲上之，是求蓋七人也，其亦有七怨。怨在小醜，猶不可堪，而況在侈卿乎？其何以待之？（《周語中》，頁七五）

「其何以待之」，韋解：「待，猶備也。」《集解》無他說。

今按：韋解疑未確。待，猶堪也、忍也。「怨在小醜，猶不可堪，而況在侈卿乎？其何以待之？」「待」與「堪」相對，義殆同。《周語下》：「王又章輔禍亂，將何以堪之？」亦其證。《周語下》：「有是寵也，而益之以三怨，其誰能忍之！」《晉語九》：「以其五賢陵人，而以不仁行之，其誰能待之？」此言「忍」，彼言「待」，兩相比照，「待」猶「忍」也，甚明。是其比。

## 夫戰，盡敵爲上。守和同，順義爲上。

夫戰，盡敵爲上。守和同，順義爲上。故制戎以果毅，制朝以序成。（《周語中》，頁七六）

「夫戰，盡敵爲上。守和同，順義爲上。」上海古籍本斷爲：「夫戰，盡敵爲上，守和同順義爲上。」〔註3〕韋解：「守和同，謂不相與戰而平和也。」

---

〔註3〕上海師範大學古籍整理研究所校點《國語》，頁八五，上海古籍出版社，1988年版。

今按：句讀與韋解疑皆非。疑爲：「夫戰，盡敵爲上；守，和同順義爲上。」戰、守對舉，「守」下「和同順義」平列。下文：「故制戎以果毅，制朝以序成。」「制戎以果毅」，韋解：「戎，兵也。殺敵爲果，致果爲毅也。」「制朝以序成」，韋解：「序，次也。朝不越爵，則政成也。」《集解》引俞樾曰：「果毅二字平列，則序成二字亦平列，不當如韋解所云也。蓋序、成二字同義，序，次也，成，亦次也。言制朝廷之位則以次第也。」「制戎以果毅」，復申「夫戰，盡敵爲上」之義；「制朝以序成」，則衍「守，和同順義爲上」之旨。可證。

## 其君與三郤其當之乎

魯成公見，言及晉難及郤犨之譖。單子曰：「君何患焉！晉將有亂，其君與三郤其當之乎！」（《周語下》，頁八三）

「其君與三郤其當之乎」，《集解》元誥按：「二『其』字疑衍一。」

今按：《集解》元誥按非是。二「其」字不衍。「其君」之「其」，代上文「晉」而言。「其當之乎」之「其」，詞也。王引之《經傳釋詞・其》：「其，擬議之詞也。其，猶殆也，猶將也。」是其義。

## 度之於羣生

其在有虞，有崇伯鯀，播其淫心，稱遂共工之過，堯用殛之於羽山。其後伯禹念前之非度，釐改制量，象物天地，比類百則，儀之於民，而度之於羣生。（《周語下》，頁九四～九五）

「而度之於羣生」，韋解：「度之，謂不傷害也。」《集解》無他說。

今按：韋解未確。「度之於羣生」之「度」與上文「其後伯禹念前之非度」之「度」義同，皆當訓「法」。《說文》：「度，法制也。」是其義。「儀之於民，而度之於羣生」，「儀」、「度」對文，義亦同。《說文》：「儀，度也。」下文：「帥象禹之功，度之於軌儀。」皆是其證。

## 《魯語》

### 今齊社而旅往觀

夫齊棄太公之法而**觀**民於社，君爲是舉，而往觀之，非故業也，何以訓民？土發而社，助時也。**收攟**而烝，納要也。今齊社而旅往**觀**，非先王之訓也。（《魯語上》，頁一四五～一四六）

「今齊社而往旅往觀」，韋解：「旅，眾也。」

《集解》：「各本作：『今齊社而往觀旅。』俞樾曰：『當作「今齊社而旅往觀」。《說文·㫃部》：「㫃，古文旅，古文以爲魯衛之魯。」然則齊社而旅往觀，即齊社而魯往也。上文曰：「夫齊棄太公之法而觀民於社，君爲是舉而往觀之。」彼文「君」字即此文「魯」字，異名而同實。若「往觀」上無「魯」字，則於文義爲不備。且不曰「觀社」而曰「觀旅」，於義又爲不通，蓋由淺人不知「旅往觀」即「魯往觀」，因誤倒其文耳。』元誥按：俞說得之，今據以乙正。」

今按：韋解疑不誤。俞說似可商。「今齊社而旅往觀」，疑當從明道、公序各本作「今齊社而往觀旅」，且「旅」字當讀如字。上文：「莊公如齊觀社。」韋解：「莊公二十三年，齊因祀社，蒐軍實以示客，公往觀之也。」《左傳·襄公二十四年》亦有：「齊社，蒐軍實，使客觀之。」「今齊社而往觀旅」之「旅」，疑訓「師旅、軍旅」。《廣韻·語韻》：「旅，師旅也。」《詩·大雅·皇矣》：「王赫斯怒，爰整其旅。」毛傳：「旅，師。」《史記·天官書》：「小三星隅置，曰觜觿，主葆旅事。」司馬貞《索隱》引姚氏曰：「旅，猶軍旅也。」「往觀旅」之主語承上文「君爲是舉而往觀之」而省，於文義不爲不備；因齊蒐軍實，故云「往觀旅」，於義又不爲不通。

### 非故也　君作故

哀姜至，公使大夫、宗婦覿用幣。宗人夏父展曰：「非故也。」公曰：「君作故。」對曰：「君作而順則故之，逆則亦書其逆也。臣從有司，懼逆之書於後也，故不敢不告。夫婦贄不過棗、栗，以告虔也。男則玉、帛、禽、鳥，以章物也。今婦執幣，是男女無別也。男女之別，國之大節也，不可無也。」公弗聽。（《魯語上》，頁一四七）

「非故也」，韋解：「故，故事也。」《集解》無他說。

今按：韋解疑未確。「故」，疑訓「常，法」。《廣韻‧暮韻》：「故，常也。」《呂氏春秋‧審分覽‧知度》：「爲中大夫若此其易也，非晉國之故。」高誘注：「故，法。」又《呂氏春秋‧季夏紀》：「是月也，命婦官染采黼黻文章，必以法故，無或差（一作遷）忒。」《禮記‧月令》作：「是月也，命婦官染采，黼黻文章，必以法故，無或差貸。」皆「法」「故」連文，平列同義。下文：「君作故。」韋解：「言君所作則爲故事也。」疑亦非。「故」，當一如前訓「法」。今君所作，何以言「故事」？下文又有：「君作而順則故之，逆則亦書其逆也。」「故」訓「法」，顯而易見。《左傳‧莊公二十四年》作：「秋，哀姜至，公使宗婦覿，用幣，非禮也。」「非故」義即此之「非禮」也。杜預集解：「《傳》不言大夫，唯舉非常。」「非常」亦即「非故」。是其證。《晉語一》：「里克對曰：『非故也。君行，太子居，以監國也；君行，太子從，以撫軍也。今君居，太子行，未有此也。』」《左傳‧閔公二年》作：「君行則守，有守則從，從曰撫軍，守曰監國，古之制也。」《晉語一》之「故」，義即《左傳‧閔公二年》之「制」也。是其比。

## 戾於敝邑

文仲以鬯圭與玉磬如齊告糴，曰：「天災流行，戾於敝邑，飢饉薦降，民羸幾卒，大懼殄周公、太公之命祀，職貢業事之不共而獲戾。不腆先君之敝器，敢告滯積，以紓執事，以救敝邑，使能共職，豈唯寡君與二三臣實受君賜，其周公、太公及百辟神祇實永饗而賴之！」（《魯語上》，頁一四九～一五〇）

「戾於敝邑」，韋解：「戾，至也。」

《集解》引陳瑑曰：「戾，當以罪戾爲義。下『獲戾』，解曰：『戾，罪也。』」

今按：韋解不誤，《集解》引陳瑑說非是。「戾」訓「至」，是其常義。《爾雅‧釋詁上》：「戾，至也。」《玉篇》、《廣韻》、《集韻》同。《周語下》：「古者天災降戾，於是乎量資幣，權輕重，以振救民。」韋解：「戾，至也。」「戾於敝邑」之「戾」，前承上文「天災流行」之「行」，後應下文「飢饉薦降」之「降」，實與「職貢業事之不共而獲戾」之「戾」無涉。故韋解：「戾，至也。」

## 其章大矣

反，既復命，爲之請曰：「地之多也，重館人之力也。臣聞之曰：『善有章，雖賤賞也。惡有釁，雖貴罰也。』今一言而闢境，其章大矣。請賞之。」（《魯語上》，頁一五四）

「善有章，雖賤賞也；惡有釁，雖貴罰也」，韋解：「章，明也。釁，兆也。」《集解》無他說。

今按：韋解未審文例，未爲確詁。「章」，此處當訓「功」。《左傳·宣公十二年》：「夫武，禁暴、戢兵、保大、定功、安民、和眾、豐財者也。故使子孫無忘其章。」杜預集解：「著之篇章，使子孫不忘。」亦非。王引之《經義述聞·左傳中》：「家大人曰：凡功之顯著者謂之章。」下文：「今一言而闢境，其章大矣。」「章」訓「功」，甚明。《晉語四》：「夫三德者，偃之出也。以德紀民，其章大矣。不可廢也。」韋解：「章，著也。」亦未確。「章」亦訓「功」。是其比。「釁」，此處當訓「罪」、「過」。《玉篇·釁部》：「釁，罪也。」《廣韻·震韻》、《集韻·稕韻》同。《左傳·宣公十二年》：「會聞用師，觀釁而動。」杜預集解：「釁，罪也。」《左傳·昭公元年》：「吳、濮有釁，楚之執事，豈其顧盟？」杜預集解：「釁，過也。」是其證。「善有章，雖賤賞也；惡有釁，雖貴罰也。」對文甚工。「善」、「惡」，「章」、「釁」、「賤」、「貴」，「賞」、「罰」，一一相對。故「章」訓「功」，「釁」訓「罪」、「過」。

## 堯能單均刑法以儀民

黃帝能成命百物，以明民共財，顓頊能修之，帝嚳能序三辰以固民，堯能單均刑法以儀民，舜勤民事而野死，鯀鄣洪水而殛死，禹能以德修鯀之功，契爲司徒而民輯，冥勤其官而水死，湯以寬治民而除其邪，稷勤百穀而山死，文王以文昭，武王以武烈，去民之穢。（《魯語上》，頁一五六～一五九）

「堯能單均刑法以儀民」，韋解：「單，盡也。均，平也。」

《集解》引汪遠孫曰：「單，當讀爲禪，謂遜位於舜也。均刑法，謂誅四凶也。《周禮·大司樂》注：『堯能禪，（據宋本《釋文》）均刑法以儀民。』正用此文。」《集解》元誥按：「單，疑當讀爲殫，古字通用。殫，盡也。單均刑法以儀民，謂盡力平法以爲民準，如誅四凶是也。」

今按：韋解、汪說、元誥按疑皆失之。《國語・鄭語》有：「夫成天地之大功者，其子孫未嘗不章，虞、夏、商、周是也。虞幕能聽協風，以成物樂生者也。夏禹能單平水土，以品處庶類者也。商契能和合五教，以保於百姓者也。周棄能播殖百穀蔬，以衣食民人者也。其後皆爲王公侯伯。」「夏禹能單平水土」，韋解：「單，盡也。」《集解》：「元誥按：單與殫通。《禮記・祭義》篇：『歲既單矣。』《釋文》：『單同殫。』是其證。《說文》：『殫，極盡也。』段《注》：『窮極而盡之也。』」韋解、《集解》疑亦皆失之。《禮記・祭法》作：「帝嚳能序星辰以著眾，堯能賞均刑法以義終，舜勤眾事而野死，鯀鄣鴻水而殛死，禹能脩鯀之功，黃帝正名百物以明民共財，顓頊能脩之，契爲司徒而民成，冥勤其官而水死，湯以寬治民而除其虐，文王以文治，武王以武功，去民之菑。此皆有功烈於民者也。」鄭箋：「賞，賞善。謂禪舜、封禹稷等也。」《論衡・祭義》亦作：「堯能賞均刑法以義終。」王引之《經義述聞・禮記下》：「案此篇自『聖王之制祭祀』以下，皆《魯語》文也。彼文云：『堯能單均刑法以儀民。』單，盡也。均，平也。儀，善也。皆韋注。謂堯能盡平刑法以善其民也。此作『堯能賞均刑法以義終』者，『賞』，當爲『亶』，字之誤也。『亶』與『單』通。『終』與『眾』通。眾，亦民也。即《魯語》之『堯能單均刑法以儀民』也。《鄭語》曰：『夏禹能單平水土，以品處庶類。』韋注：『單，盡也。』文義與此相似。」〔註4〕謂「賞」爲「亶」之誤，亶、單上古皆端母元部，『亶』與『單』通，甚是。然其亦從韋解：「單，盡也。」則有疑焉。「亶」疑讀爲「坦」，二字皆從「旦」得聲，義當可通。賈誼《新書・君道》：「書曰：『大道亶亶，其去身不遠。』」「亶」通「坦」甚明。《廣韻・旱韻》：「坦，平也。」「坦」訓「平」，是其常義，茲不贅述。「單平」與下文之「和合」、「播殖」皆二字平列，同義連文。「單」當與「平」義同、義近。「堯能單均刑法以儀民」之「單均」，亦平列同義，「單」亦當訓「平、均」。是其比。《國語・魯語上》：「若布德於民而均平（明道本作「平均」）其政事。」《國語・楚語下》：「楚國之能平均以復先王之業者，夫子也。」其中「均平」、「平均」連文，與「單均」、「單平」殆無異義，亦是「單」訓「均、平」之證。

---

〔註 4〕 王引之《經義述聞》，頁三七九，江蘇古籍出版社，1985年版。

## 智者處物

今海鳥至，已不知而祀之，以為國典，難以為仁且智矣。夫仁者講功，而智者處物。無功而祀之，非仁也；不知而不能問，非智也。(《魯語上》，頁一六一)

「夫仁者講功，而智者處物」，韋解：「處，名也。」《集解》無他說。

今按：韋解疑未確。「夫仁者講功，而智者處物」對文，「講」、「處」之義相類。韋解：「講，論也。」《說文》：「論，議也。」「講」之義即「謀、議」。見《廣韻·講韻》。故此「處」疑當訓「審、辨」。《淮南子·兵略訓》：「是故處於堂上之陰，而知日月之次序。」《呂氏春秋·慎大覽·察今》作：「故審堂下之陰，而知日月之行，陰陽之變。」可見「處」、「審」義同。《魯語下》：「今我寡也，爾又在下位，朝夕處事，猶恐忘先人之業，況有怠惰，其何以避辟？」韋解：「處事，處身於作事也。」《集解》引汪遠孫《發正》曰：「處，讀如『智者處物』之『處』。處事，辨事也。」《經義述聞·通說上·處》：「引之謹案：處之為居、為止，常訓也。而又為審度、為辨察，書傳具有其義。《大戴禮·文王官人》篇：『以其聲，處其氣。』又曰：『聽其聲，處其氣。』謂審其氣也。《呂氏春秋·有始覽》：『察其情，處其形。』謂審其形也。《淮南·兵略》篇：『相地形，處次舍。』謂審度次舍也。《周語》：『目以處義。』謂相度事宜也。《魯語》：『夫仁者講功，而智者處物。』謂辨物也。韋注：『處，名也。』於義未確。《淮南·主術》篇：『問瞽師曰：「白素何如？」曰：「縞然。」曰：「黑何若？」曰：「黮然。」援白黑而示之，則不處焉。』謂不辨也。《史記·龜策傳》：『觀斗所指，定日處鄉。』謂辨方也。」俞樾《羣經平議·春秋左傳一》「德以處事」條、《諸子平議·淮南內篇三》「是故處堂上之陰」條說亦如之，不煩引。

## 窮固

夫莒太子殺其君而竊其寶來，不識窮固，又求自邇，為我流之於夷。今日必通，無逆命矣。(《魯語上》，頁一六七)

「不識窮固」，韋解：「固，廢也。」《集解》無他說。

今按：韋解失之。「窮」「固」連文，義類。「窮」，殆「不賢」之謂也。《逸周書·常訓》：「上賢而不窮。」「窮」、「賢」對文，義反，「窮」即「不賢」。

《荀子·修身》:「老老而壯者歸焉,不窮窮而通者積焉。」楊倞注:「窮者則寬而容之,不迫蹙以苛政,謂惠恤鰥寡窮匱也。」俞樾《諸子平議·荀子一》:「樾謹按:楊注以『不窮窮』謂『惠恤鰥寡』,非也。『窮』『通』以『賢』『不肖』言,孔晁注《周書·長訓》篇曰:『窮謂不肖之人。』是也。『不窮窮』者,不強人以所不知不能。《中庸》所謂『矜不能』也。若以『窮』為『鰥寡』,則『通者』豈不鰥寡之謂乎?《非十二子》篇曰:『聰明聖知,不以窮人。』即可說此文『不窮窮』之義。」「固」,當訓「鄙陋、蔽塞」。亦不賢明之謂。《廣雅·釋言》:「固,陋也。」《論語·述而》:「子曰:『奢則不遜,儉則固。與其不遜也,寧固。』」何晏集解引孔安國曰:「固,陋也。」《文選·司馬遷〈報任少卿書〉》:「書不能悉意,略陳固陋。」李周翰注:「固,猶鄙也。」《書·多士》:「惟天不畀,允罔固亂。」孫星衍《尚書今古文注疏》:「固者,蔽也。」皆是其證。《鄭語》:「今王棄高明昭顯,而好讒慝暗昧;惡角犀豐盈,而近頑童窮固。」韋解:「角犀,謂顏角有伏犀。豐盈,謂頰輔豐滿,皆賢明之相也。頑童,童昏,固,陋也。謂皆暗昧窮陋不識德義者。」此處韋解不誤,是其比。

## 亡無日矣

> 吾聞之,不厚其棟,不能任重。重莫如國,棟莫如德。夫苦成叔家欲任兩國而無大德,其不存也,亡無日矣!(《魯語上》,頁一七一)

「亡無日矣」,韋無解。《集解》元誥按:「亡即『無』字。此謂其不存也亡日矣。『無』字當刪。」

今按:《集解》元誥按失之。「亡無日矣」,古書習見。義殆猶「其亡也無日矣」。《晉語一》:「諸夏從戎,非敗而何?從政者不可以不戒。亡無日矣!」又《晉語五》:「爾童子,而三掩人於朝。吾不在晉國,亡無日矣!」《左傳·僖公三十三年》:「墮軍實而長寇讎,亡無日矣。」《韓詩外傳》卷二:「君王聽臣言,大命去矣!亡無日矣!」皆是其比。

## 民旁有慝

> 且夫君也者,將牧民而正其邪者也,若君縱私回而棄民事,民旁有慝,無由省之,益邪多矣。若以邪臨民,陷而不振。用善不肯專,則不能使,

至於殄滅而莫之恤也，將安用之？（《魯語上》，頁一七二）

「民旁有慝」，「旁」韋無解。《集解》引王引之《經義述聞·國語上》曰：「家大人曰：『旁之言溥也，徧也。言民徧有姦慝，而君不能察也。昭六年《左傳》：「民竝有爭心。」三十二《傳》：「俾我兄弟竝有亂心。」亦謂徧有爭心，徧有亂心也。「竝」字古音蒲朗反，與旁音相近，（《列子·黃帝》篇：「使弟子竝流而承之。」《釋文》：「竝音傍。」《史記·秦始皇紀》：「竝河以東」，《集解》引服虔《漢書》注「竝音傍。」《漢書》：「武帝逐北至琅邪，竝海。」顏注：「竝讀曰傍。」是竝與旁音相近也。）故竝亦有徧義。』」

今按：《集解》引王說訓「旁」為「徧」似可商。「言民徧有姦慝」，天下豈無善民？似不合情理。此處「旁」疑訓「邪曲、邪僻」。《荀子·議兵》：「旁辟曲私之屬為之化而公。」「旁辟曲私」，四字平列，義類。《孟子·梁惠王上》：「苟無恒心，放辟邪侈，無不為己。」「放辟邪侈」，四字平列，義亦類。「旁」、「放」皆從「方」得聲，可通。朱駿聲《說文通訓定聲》：「旁，叚借又為趽。」《新書·道術》：「衷理不闢謂之端，反端為趽。」是其證。有，又也。「民旁有慝」，疑殆言民邪僻又姦惡。

## 鎮撫

叔孫穆子聘於晉，晉悼公饗之，樂及《鹿鳴》之三，而後拜樂三。晉侯使行人問焉，曰：「子以君命鎮撫敝邑，不腆先君之禮以辱從者，不腆之樂以節之。吾子舍其大而加禮於其細，敢問何禮也？」（《魯語下》，頁一七八）

「子以君命鎮撫敝邑」，韋解：「鎮，重也。撫，安也。」《集解》無他說。

今按：韋解「撫，安也」得之，「鎮，重也」，則失其義矣。「鎮」、「撫」平列同義。《廣雅·釋言》：「鎮，撫也。」《國語》「鎮撫」同義連文者夥矣。《周語中》：「叔父若能光裕大德，更姓改物，以創制天下，自顯庸也，而縮取備物以鎮撫百姓，余一人其流闢旅於裔土，何辭之有與？」《魯語上》：「其何以鎮撫諸侯？」《晉語二》：「君若惠顧社稷，不忘先君之好，辱收其逋遷裔冑而建立之，以主其祭祀，且鎮撫其國家及其民人。」《晉語三》：「若狄公子，吾是之依兮。鎮撫國家，為王妃兮。」《晉語四》：「若復而修其德，鎮撫其民，必獲諸侯，以討無禮。」《晉語五》：「國有大役，不鎮撫民而備鐘鼓，何也？」

《晉語七》:「君鎮撫羣臣,而大庇陰之。」皆是其例。此處「鎮」、「撫」皆當訓「安」。《廣雅・釋詁一》:「鎮、撫,安也。」《玉篇・金部》亦曰:「鎮,安也。」《晉語七》:「柔惠小物,而鎮定大事。」韋解:「鎮,安也。」《漢書・高帝紀上》:「漢王如陝,鎮撫關外父老。」顏師古注:「鎮,安也。撫,慰也。」是皆「鎮」訓「安」之證。

## 庸何傷

若楚之克魯,諸姬不獲闕焉,而況君乎?彼無亦置其同類以服東夷,而大攘諸夏,將天下是王,而何德於君,其予君也?若不克魯,君以蠻夷伐之,而又求入焉,必不獲矣。不如予之。夙之事君也,不敢不悛。醉而怒,醒而喜,庸何傷?(《魯語下》,頁一八五〜一八六)

韋解:「庸,用也。言公欲伐魯,若人醉而怒。今止,若醒而喜也,用何傷乎?」《集解》無他說。

今按:韋解疑非是。「庸何」,語詞複用。庸,亦何也。劉文淇《助字辨略》:「庸,豈也,寧也,安也,何也。《荀子・宥坐》篇:『女庸安知吾不得之桑落之下?』庸安,重言也。《左傳・襄公二十五年》:『將庸何歸?』東山邵氏曰:『即覆說上文「君安死歸」之義。』愚按:庸何,重言也。杜注訓庸為用,恐非。」王引之《經傳釋詞》卷三:「庸,猶何也,安也,詎也。莊十四年《左傳》曰:『庸非貳乎?』僖十五年曰:『晉其庸可冀乎?』宣十二年曰:『庸可幾乎?』莊三十二年《公羊傳》曰:『庸得若是乎?』《晉語》曰:『吾庸知天之不授晉且以勸荊乎?』《呂氏春秋・下賢》曰:『吾庸敢驚霸王乎?』皆是也。庸與何同義,故亦稱庸何。文十八年、昭元年《左傳》及《魯語》並曰:『庸何傷?』襄二十五年《左傳》曰:『將庸何歸?』庸,猶何也。庸與安同義,故亦稱庸安。《荀子・宥坐》篇曰:『女庸安知吾不得之桑落之下?』庸,猶安也。」王引之《經義述聞・通說下・語詞誤解以實義》:「文十八年、昭元年《左傳》及《魯語》並曰:『庸何傷?』襄二十五年《左傳》:『將庸何歸?』庸,猶何也。解者訓庸為用,則失之矣。」俞樾《古書疑義舉例・語詞複用例》亦引王氏之說。前賢之說至確。《晉語六》:「吾庸知天之不授晉且以勸楚乎?」韋解:「庸,用也。」亦非。庸,安也。王引之《經義述聞・通說下・語詞誤解以實義》:「《晉語》:『吾庸知天之不授晉且以勸荊乎?』言安知天之不授晉且以勸荊也。」

## 有貨以衛身也

虢之會，諸侯之大夫尋盟未退。季武子伐莒取鄆，莒人告於會，楚人將以叔孫穆子為戮。晉樂王鮒求貨於穆子，曰：「吾為子請於楚。」穆子不予。梁其脛謂穆子曰：「有貨以衛身也。出貨而可以免，子何愛焉？」（《魯語下》，頁一八七～一八八）

「有貨以衛身也」，韋解：「衛，營也。」

《集解》引吳曾祺說曰：「衛，藩也。《內傳》作：『貨以藩身』，不訓『營』。」

今按：韋解：「衛，營也。」不誤。慧琳《一切經音義》卷二七、四六、六七並引《蒼頡篇》曰：「營，衛也。」《墨子‧天志中》：「欲人之有力相營，有道相教，有財相分也。」孫詒讓《墨子間詁》引鍾會《老子》注云：「經護為營。」《論衡‧書虛》篇：「子胥之生，不能從生人營衛其身，自令身死。」又《死偽》篇：「人君之威固嚴（一本作壓），人臣營衛，卒使固多眾。」又《書解》篇：「鄒陽舉疏，免罪於梁；徐樂上書，身拜郎中，材能以其文為功於人，何嫌不能營衛其身？」「營衛」連文者夥甚，平列同義，皆是其證。

## 黿於何有

公父文伯飲南宮敬叔酒，以露睹父為客。羞黿焉，小。睹父怒。相延食黿，辭曰：「將使黿長而後食之。」遂出。文伯之母聞之，怒曰：「吾聞之先子曰：『祭養尸，饗養上賓。』黿於何有？而使夫人怒也！」遂逐之。五日，魯大夫辭而復之。（《魯語下》，頁一九二）

「黿於何有」，韋解：「於何有，猶何禮有黿也。」

《集解》引牟房曰：「於何有，言非難得之物，不足吝惜也。」

今按：韋氏不明倒文而失其義。《集解》引牟說得其義，然未審其詳。「黿」為賓語，置於句首是為加強語氣，強調賓語。禮尊上賓，不當吝嗇一黿而使上賓怒也。《左傳‧僖公九年》：「入而能民，土於何有？」《左傳‧襄公二十三年》：「群臣若急，君於何有？」是其類。「黿於何有」，黃丕烈《國語劄記》：「段（玉裁）云：當為猶『何有於黿』也。」〔註5〕於義得之，於文

---

〔註5〕國學基本叢書選印本《國語》之《校刊明道本韋氏解國語劄記》，頁二四九，上海書店，1987年影印版。

例亦未審。

## 合

　　天子及諸侯，合民事於外朝，合神事於內朝；自卿以下，合官職於外朝，合家事於內朝；寢門之內，婦人治其業焉。上下同之。夫外朝，子將業君之官職焉；內朝，子將庀季氏之政焉，皆非吾所敢言也。（《魯語下》，頁一九三）

　　「天子及諸侯合民事於外朝」，韋解：「言與百官考合民事於外朝也。」「合」字《集解》無他說。

　　今按：《周語下》：「古之神瞽，考中聲而量之以制。」又《周語下》：「三曰姑洗，所以修潔百物，考神納賓也。」韋解並曰：「考，合也。」此處韋解以「考合」訓「合」，「合」訓未詳。上文：「自卿以下，合官職於外朝，合家事於內朝。」其下：「寢門之內，婦人治其業焉。」下文又有：「夫外朝，子將業君之官職焉；內朝，子將庀季氏之政焉。」韋解：「庀，治也。」則「合」殆與「治」、「業」、「庀」義類。《周禮·春官·大史》：「戒及宿之日，與羣執事讀禮書而協事。」鄭玄注：「協，合也。合，謂習錄所當共之事也。」此處「合」義當如鄭注所云。

## 昔聖王之處民也

　　昔聖王之處民也，擇瘠土而處之，勞其民而用之，故長王天下。夫民勞則思，思則善心生；逸則淫，淫則忘善，忘善則惡心生。沃土之民不材，逸也。瘠土之民莫不向義，勞也。（《魯語下》，頁一九四）

　　「昔聖王之處民也」，韋解無說。《集解》元誥按：「處，猶處理也。」

　　今按：《集解》元誥按未得確詁。此「處」殆訓「安」。《禮記·檀弓》：「（顏淵）謂子路曰：『何以處我？』」鄭玄注：「處，猶安也。」《漢書·張湯傳》：「上自處置其里，居塚西鬬雞翁舍南。」顏師古注：「處，安也。」《魯語上》：「帝嚳能序三辰以固民，堯能單均刑法以儀民。」韋解：「固，安也。」「處民」、「固民」義皆「安民」。《左傳·宣公二十八年》：「夫武，禁暴、戢兵、保大、定功、安民、和眾、豐財者也。」《左傳·成公十四年》：「安民而宥宗卿，不亦可乎？」是其類。「擇瘠土而處之」之「處」訓「居」義甚顯，

不贅述。

## 宣序　討過

是故天子大采朝日，與三公、九卿祖識地德，日中考政，與百官之政事、師尹、維旅、牧、相宣序民事。少采夕月，與大史、司載，糾虔天刑，日入監九御，使潔奉禘、郊之粢盛，而後即安。諸侯朝修天子之業命，晝考其國職，夕省其典刑，夜儆百工，使無慆淫，而後即安。卿大夫朝考其職，晝講其庶政，夕序其業，夜庀其家事，而後即安。士朝而受業，晝而講貫，夕而習復，夜而討過無憾，而後即安。自庶人以下，明而動，晦而休，無日以怠。（《魯語下》，頁一九四～一九七）

「與百官之政事、師尹、維旅、牧、相宣序民事」，韋解：「宣，徧也。序，次也。」《集解》無他說。

今按：韋解：「宣，徧也。序，次也。」未審文例，疑皆失之。上文：「與三公、九卿祖識地德。」「祖識」同義連文。故韋解：「祖，習也。識，知也。」下文：「與大史、司載糾虔天刑。」「糾虔」亦連文例，韋解：「糾，恭也。虔，敬也。」「宣序」二字亦當平列同義。「宣」，此處疑訓「通、順」。《廣韻·仙韻》：「宣，通也。」《呂氏春秋·仲夏紀·古樂》：「昔陶唐氏之始，陰多滯伏而湛積，水道壅塞，不行其原（一作陽道壅塞不行其次），民氣鬱閼而滯著，筋骨瑟縮不達，故作為舞以宣導之。」高誘注：「宣，通。」《詩·大雅·公劉》：「既庶既繁，既順迺宣。」「宣」、「順」義同，甚明。「序」，亦訓「順」。王引之《經義述聞·國語上》：「『周旋序順』者，序，亦順也。《爾雅》曰：『順，敘也。』《大戴禮·保傅》篇曰：『言語不序。』《周語上》篇曰：『時序其德。』《楚語》曰：『奔走承序。』序，皆謂順也。」王念孫《讀書雜志·墨子第二·非攻下》、王引之《經義述聞·書》亦有論「序（敘）」訓「順」者，不煩引。「宣序民事」，義即「順民事」。

「夜而討過無憾」，《集解》：「各本『討』作『計』，汪遠孫曰：『《列女傳》「計」作「討」，（案『討』）是也，讀如討軍實之討。』王引之曰：『（「夜而計過」，《列女傳》作「夜而討過」。）討者，除也，見隱四年《公羊傳》注。除去其過然後無憾，於義為長。』元誥按：討過，謂搜求己過也。今據改。」

張以仁《國語斠證·魯語下》：「以仁案：計謂慮也。思慮也。《吳語》：『以

能遂疑計惡。』韋注：『計，慮也。』夜而計過，謂夜而思慮過失也。亦即自省之意。《述聞》訓爲除過，然過可改面不能除，〔註6〕且除過何待乎夜？夜亦非除過之時也。《考異》訓爲探討，其義與思慮近。則不煩改字也。《列女傳》之『討』，蓋『計』之誤。前文《襄公如楚》篇『二三子其計乎』，世界本誤『計』爲『討』，是其例也。宋鄒浩有『計過齋』（見《宋史》三四五），蓋用此典。」〔註7〕

今按：諸說皆有可商之處。《左傳·宣公十二年》：「在軍，無日不討軍實而申儆之。」《說文》：「討，治也。」《左傳·隱公五年》：「以數軍實，昭文章，明貴賤，辨等列，順少長，習威儀也。」《左傳·襄公二十四年》：「齊社，蒐軍實，使客觀之。」杜預《集解》：「祭社，因閱數軍器。」洪亮吉《春秋左傳詁》引《周禮疏》云：「蒐，數。軍實，兵甲器械。」《國語·楚語上》：「故先王之爲臺榭也，榭不過講軍實，臺不過望氛祥。」「講軍實」之「講」當訓「校、論校」（說詳見《訂補·楚語上》）。「討軍實」義即「講軍實」「蒐軍實」、「數軍實」也。此處「討」疑亦訓「數」。《說文》：「計，會也，筭也。」則「討」與「計」義有相通之處。「計」由「會也，筭也」引申可得「度、慮、謀」義。《吳語》：「昔吾先王世有輔弼之臣，以能遂疑計惡，以不陷於大難。」韋解：「計，慮也。」《廣雅·釋詁四》：「計，謀也。」《戰國策·東周策》：「周之君臣，內自盡計。」鮑彪注：「計，猶謀。」「討」有「整理、尋究」義。《論語·憲問》：「世叔討論之。」劉寶楠正義引鄭玄注云：「討論，整理。」朱熹集注：「討，尋究也。」汪云：「『計』作『討』，案：『討』是也。」不必。張以仁《國語斠證·魯語下》辨王引之說云：「《述聞》訓爲除過，然過可改面不能除，且除過何待乎夜？夜亦非除過之時也。」當是。又云：「《列女傳》之『討』，蓋『計』之誤。」則不必。《集解》元誥按：「討過，謂搜求己過也。今據改。」於義近得之，改「計」爲「討」則不必。《國語》作「計」，《列女傳》作「討」，義皆可通，當各有所本，皆可訓「謀、慮」，亦即自省之意。不必據彼改此、據此改彼。故此處當從明道、公序各本作「計」爲妥。

---

〔註6〕「然過可改面不能除」，「面」疑「而」之訛，蓋手民誤植。
〔註7〕《國語斠證》，頁一六四，臺灣商務印書館股份有限公司，1969年7月初版。

## 《齊語》

### 執枹鼓立於軍門

桓公自莒反於齊，使鮑叔爲宰，辭曰：「臣，君之庸臣也。君加惠於臣，使不凍餒，則是君之賜也。若必治國家者，則非臣之所能也。若必治國家者，則其管夷吾乎？臣之所不若夷吾者五：寬惠柔民，弗若也；治國家不失其柄，弗若也；忠信可結於百姓，弗若也；制禮義可法於四方，弗若也；執枹鼓立於軍門，使百姓皆加勇焉，弗若也。」（《齊語》，頁二一五～頁二一六）

「執枹鼓立於軍門，使百姓皆加勇焉，弗若也」，《集解》元誥按：「枹爲擊鼓槌，『枹』下不當有『鼓』字，《管子‧小匡》篇正作『執枹立於軍門』。」

今按：明道、公序各本「枹」下皆有「鼓」字。古書「枹鼓」並稱者習見。《呂氏春秋‧論威》：「故古之至兵，士民未合，而威已諭矣，敵已服矣，豈必用枹鼓干戈哉？」《新序‧雜事》：「提枹鼓以動百萬之眾。」《韓詩外傳》卷十：「執枹鼓立於軍門，使士卒勇，臣弗如也。」正作：「執枹鼓立於軍門。」其云「『枹』下不當有『鼓』字」，殊爲無據。此處「枹」下之「鼓」不當刪。

### 合羣叟　勸之以賞賜，糾之以刑罰

管子對曰：「昔吾先王昭王、穆王，世法文、武遠績以成名，合羣叟，比校民之有道者，設象以爲民紀，式權以相應，比綴以度，薄本肇末，勸之以賞賜，糾之以刑罰，班序顚毛，以爲民紀統。」（《齊語》，頁二一八）

「合羣叟，比校民之有道者」，韋解：「合，會也。」《集解》無他說。

今按：韋解疑未爲確詁。「合」與下文「比校」相對成文，亦當訓「比、校」義長。《周禮‧夏官‧大司馬》：「若大射，則合諸侯之六耦。」孫詒讓正義：「合，猶比也。」是其證。

「勸之以賞賜，糾之以刑罰」，韋解：「糾，收也。」《集解》無他說。

今按：韋解：「糾，收也。」朱駿聲《說文通訓定聲》：「收，叚借爲糾。」《荀子‧君道》：「便嬖左右者，人主所以窺遠，收眾之門戶牖向也。」高亨

新箋：「收，讀爲糾。督察也。收、糾古通用。」引申可得約束、控制之義。韋解不誤，然未明其詳。「勸」、「糾」對文，義反。文中此處「糾」當訓「禁」，於文義爲長。《周禮・天官・小宰》：「小宰之職，掌邦之宮刑，以治王宮之政令，凡宮之糾禁。」「糾」、「禁」連文。孫詒讓正義：「《說文・糸部》：『糾，繩三合也。』引申之，凡有所繩治，並謂之糾。」《漢書・平帝紀》：「雖王侯之屬，莫能相糾，或陷於刑罪，教訓不至之咎也。」顏師古注：「糾，謂禁察也。」皆是其證。

## 其事易

桓公曰：「成民之事若何？」管子對曰：「四民者勿使雜處，雜處則其言哤，其事易。」（《齊語》，頁二一九）

「其事易」，韋解：「易，易變也。」〔註8〕《集解》無他說。

今按：韋解疑失之。「易」，疑讀爲「弛」。《禮記・月令》：「易關市，來商旅，入貨賄，以便民事。」俞樾《羣經平議・禮記二》：「易，當讀爲弛。《爾雅・釋詁》：『弛，易也。』是弛與易聲近義通。《管子・大匡》篇：『桓公乃輕稅，弛關市之征。』此言『易關市』，猶彼言『弛關市』。」《素問・陰陽別論》：「三陽三陰發病，爲偏枯痿易，四肢不舉。」孫詒讓《札迻・素問王冰注》：「易即弛也。」皆是其證。「其事易」之「易」讀爲「弛」，訓「廢」，長於文義。《荀子・王制》：「若是則大事殆乎弛，小事殆乎遂。」楊倞注：「弛，廢也。」《漢書・文帝紀》：「有不便，輒弛以利民。」顏師古注：「弛，廢弛。」可證。

## 山立五衡

桓公曰：「定民之居若何？」管子對曰：「制國以爲二十一鄉。」桓公曰：「善。」管子於是制國以爲二十一鄉：工商之鄉六，士鄉十五，公帥五鄉焉，國子帥五鄉焉，高子帥五鄉焉。參國起案，以爲三官，臣立三宰，工立三族，市立三鄉，澤立三虞，山立五衡。（《齊語》，頁二二二～二二三）

今按：「山立五衡」，明道、公序各本皆作「山立三衡」。上文：「參國起案，以爲三官。」故不應作「山立五衡」。其上：「臣立三宰，工立三族，市

---

〔註8〕「易變也」，公序本作「變易也」，明道本作「變也」。

立三鄉，澤立三虞。」是其比。《管子・小匡》亦作：「公立三官之臣，市立三鄉，工立三族，澤立三虞，山立三衡。」亦是其證。不知因何致誤。

## 人與人相疇，家與家相疇

是故卒伍整於里，軍旅整於郊。內教既成，令勿使遷徙，伍之人祭祀同福，死喪同恤，災禍共之。人與人相疇，家與家相疇，世同居，少同遊。故夜戰聲相聞，足以不乖，晝戰目相見，足以相識，其歡欣足以相死。居同樂，行同和，死同哀，是故守則同固，戰則同彊。（《齊語》，頁二二四～二二五）

「人與人相疇，家與家相疇」，韋解：「疇，匹也。」《集解》無他說。

今按：韋解失之。「疇」，此處當讀爲「壽」，保也。《荀子・正論》：「故至賢疇四海，湯、武是也。」楊倞注：「疇四海，謂以四海爲疇域。或曰疇與籌同，謂計度也。」俞樾《諸子平議・荀子三》：「此二義皆非是。疇者，保也。《國語・楚語》：『臣能自壽也。』韋注曰：『壽，保也。』《晏子・雜篇》：『賴君之賜，得以壽三族。』『壽三族』，即保三族也。《管子・霸言》篇：『國在危亡而能壽者，明聖也。』『能壽』即能保也。此文作『疇』者，古字通耳。《說文・土部》：『□，保也。』凡『疇』作『壽』，皆『壔』之叚字。」〔註9〕《管子・小匡》作：「故卒伍之人，人與人相保，家與家相愛。」〔註10〕《周禮・地官司徒・大司徒》：「令五家爲比，使之相保。」皆是其證。

## 以觀其所能而無大厲

桓公令官長期而書伐，以告且選，選其官之賢者而復之，曰：「有人居我官，有功休德，惟愼端愨以待時，使民以勸，綏謗言，足以補官之不善政。」桓公召而與之語，訾相其質，足以比成事，誠可立而授之。設之以國家之患而不疚，退問其鄉，〔註11〕以觀其所能而無大厲，升以爲上卿之贊。謂之三選。（《齊語》，頁二二六～二二七）

「以觀其所能而無大厲」，韋解：「厲，惡也。」

〔註9〕俞樾《諸子平議》，頁二六七，上海書店，1988年版。
〔註10〕或曰「愛」當爲「受」。
〔註11〕明道本「問」下有「之」字。

《集解》引吳曾祺說曰：「其人可以爲上卿之贊，何止無大惡？注語未合。『屬』當訓『戾』。戾，背也。謂與平日所聞不相背也。」

今按：韋解不誤。吳說求之過深。《管子‧小匡》作：「退而察問其鄉里，以觀其所能，而無大過，登以爲上卿之佐。」「屬」作「過」，義同。是其證。

## 政不旅舊，則民不偷

桓公曰：「伍鄙若何？」管子對曰：「相地而衰征，則民不移；政不旅舊，則民不偷；山澤各致其時，則民不苟；陸、阜、陵、墐，井田疇均，則民不憾；無奪民時，則百姓富；犧牲不略，則牛羊遂。」（《齊語》，頁二二七～二二八）

「政不旅舊，則民不偷」，韋解：「舊，君之故舊也。偷，苟且也。不以故人爲師旅，則民之相與不苟且也。孔子曰：『故舊不遺，則民不偷。』」

《集解》引俞樾曰：「韋訓此句，其義迂曲，殆非也。旅之言『拒』也。《御覽》二十七引《風俗通》曰：『旅，拒也，言陽氣欲出，陰不許也。』字亦通作『呂』。《白虎通‧五行》篇：『呂者，拒也，言陽氣欲出，陰不許也。』又曰：『呂之言拒者，旅抑拒難之也。』蓋旅與拒本疊韻字，古聲近而義通。又或連言之曰『旅拒』。《後漢書‧馬援傳》：『點羌欲旅距。』注曰：『旅距，不從之貌。』距即拒也。『政不旅舊』者，言爲政不拒絕故舊之人也。韋以師旅解之，失其義矣。」

今按：韋解正如俞樾所云：其義迂曲，殆非也。然俞說似亦可商。《管子‧小匡》作：「正旅舊，則民不惰。」「政」疑讀爲「正」，訓「定」，古書習見，不贅述。「不」字疑衍。「旅」當爲「賓旅」，謂旅寄此地之民；「舊」，則爲「故舊」，謂原處此地之民。「政（正）旅舊」，殆謂旅寄此地之民、原處此地之民皆得安定、各得其所。

## 兵不解翳　隱武事

嶽濱諸侯莫敢不來服，而大朝諸侯於陽穀。兵車之屬六，乘車之會三，諸侯甲不解纍，兵不解翳，弢無弓，服無矢。隱武事，行文道，帥諸侯而朝天子。（《齊語》，頁二三五～二三七）

「兵不解翳」，韋解：「翳，所以蔽兵也。」

《集解》元誥按：「《說文》『翳』作『醫』，云：『藏弓弩矢器也。』」

今按：「兵不解翳」之「翳」，本字實作「医」。《說文》：「医，盛弓弩矢器也。从匸从矢。《國語》曰：『兵不解医。』」不知《集解》何故誤作「醫」。

「隱武事，行文道」，韋無解，《集解》亦無說。今按：「隱」之言「偃」。《廣韻・阮韻》：「偃，息也。」《書・武成》：「乃偃武修文，歸馬於華山之陽，放牛於桃林之野。」《史記・留侯世家》：「今陛下能偃武行文，不復用兵乎？」是其證。《管子・小匡》作：「寢武事，行文道。」《廣雅・釋言》：「寢，偃也。」亦可證之。《春秋繁露・五行變救》：「隱武行文，束甲械。」「隱」亦讀為「偃」。

## 小白余

葵丘之會，天子使孔致胙於桓公，曰：「余一人有事於文、武，使孔致胙。」且有後命曰：「以爾自卑勞，實謂爾伯舅，無下拜。」桓公召管子而謀，管子對曰：「為君不君，為臣不臣，亂之本也。」桓公懼，出見客曰：「天威不違顏咫尺，小白余敢承天子之命曰『爾無下拜』，恐隕越於下，以為天子羞。」（《齊語》，頁二三七）

「小白余敢承天子之命曰『爾無下拜』」，《集解》元誥按：「『余』字疑衍。君前臣名稱『小白』，不當又曰『余』。」

今按：《集解》元誥按疑非是。《左傳・僖公九年》亦作：「小白余敢貪天子之命無下拜！」杜預集解：「小白，齊侯名。余，身也。」《爾雅・釋詁下》：「朕、余、躬，身也。」郭璞注：「今人亦自呼為身。」「余」、「小白」皆同位主語。今人亦有「某某我如何如何」之語。「余」字不衍。

## 《晉語》

## 失臣之官

史蘇卒爵，再拜稽首曰：「兆有之，臣不敢蔽。蔽兆之紀，失臣之官，有二罪焉，何以事君？大罰將及，不唯無肴。抑君亦樂其吉而備其凶，凶之無有，備之何害？若其有凶，備之為瘳。臣之不信，國之福也，何敢

憚罰！」（《晉語一》，頁二四九～二五○）

「失臣之官」，韋解：「失官，失守官之節也。」《集解》無他說。

今按：韋解不確。史蘇，晉大夫，占卜之史也。此處「官」當訓「職」。「官」訓「職」，是其常訓，不贅述。「失官」，猶云「失職」。

# 狃

商之衰也，其銘有之曰：『嘸嘸之德，不足就也，不可以矜，而祇取憂也。嘸嘸之食，不足狃也，不能為膏，而祇罹咎也。』（《晉語一》，頁二五二）

「不足狃也」，韋解：「狃，貪也。」《集解》無他說。

今按：韋解疑失之。「狃」、「就」互文耳，義同。《玉篇·犬部》、《廣韻·宥韻》皆云：「狃，就也。」

# 民疾其態

二三大夫其戒之乎，亂本生矣！曰，君以驪姬為夫人，民之疾心固皆至矣。昔者之伐也，起百姓以為百姓也，〔註12〕是以民能欣之，故莫不盡忠極勞以致死也。今君起百姓以自封也，民外不得其利，而內惡其貪，則上下既有判矣。然而又生男，其天道也？天彊其毒，民疾其態，其亂生哉！（《晉語一》，頁二五五～二五六）

「民疾其態」，韋無解。《集解》無說。

今按：「天彊其毒，民疾其態」，「態」、「毒」對文，其義類。「毒」，訓「惡」。《廣雅·釋詁三》：「毒，惡也。」王念孫《廣雅疏證》：「昭四年《左傳》云：『天或者欲逞其心以厚其毒而降之罰。』毒，猶惡也。」「態」當讀為「慝」，訓「姦惡」。《廣雅·釋詁三》：「慝、毒，惡也。」《荀子·成相》：「讒夫多進，反覆言語生詐態。」王念孫《讀書雜志·荀子第八·成相》：「念孫案：『態』，讀為『姦慝』之『慝』。言言語反覆，則詐慝從此生也。襄四年《左傳》：『樹之詐慝，以取其國家。』以『態』為『慝』者，古聲不分去入也。《秦策》曰：『科條既備，民多偽態。』又曰：『上畏大後之嚴，下惑奸臣之態。』《淮南·齊俗》篇曰：『禮義飾，則生偽態之本。』《漢書·李尋傳》曰：『賀良等反道惑眾，姦態當窮竟。』皆借『態』為『慝』，非『姿態』之

---

〔註12〕「起」，明道本作「興」。

『態』也。」〔註13〕是其證。《晉語二》:「民疾君之侈也,是以逐於逆命。今嘉其夢,侈必展,是天奪之鑒而益其疾也。民疾其態,天又誑之。」「民疾其態」,「態」,亦當訓「惡」。是其比。

## 鮮有慢心

公之優曰施,通於驪姬。驪姬問焉,曰:「吾欲作大事,而難三公子之徒,如何?」對曰:「早處之,使知其極。夫人知極,鮮有慢心,雖其慢,乃易殘也。」(《晉語一》,頁二五九～二六〇)

「夫人知極,鮮有慢心,雖其慢,乃易殘也」,韋解:「鮮,寡也。言人自知其極,則戒懼不敢違慢覬欲也。」

《集解》引王引之說:「鮮有慢心,則不慢矣,何云『慢乃易殘』?上下相反,非其原文也。今案:『鮮』下當有『不』字。下文『雖其慢』,雖讀曰唯,言人知其位已極,則志足意滿,鮮不有怠慢之心,唯其慢,乃有釁可乘,易於殘毀也。韋作注時已脫『不』字,故失其本指,而以為不敢違慢耳。」

《集解》又引俞樾說曰:「韋注非也。鮮當讀為斯,此言人知其位已極,斯有怠慢之心也。鮮與斯古音相近,《說文》:『霖,从雨鮮聲,讀若斯。』《詩·瓠葉》篇鄭箋曰:『今俗語斯白之字作「鮮」,齊魯之間聲近斯。』並其證也。下文曰:『雖其慢,乃易殘也。』雖當讀為唯,唯其怠慢,乃易於殘毀也。王氏知雖之為唯,而不晤鮮之為斯,因於『鮮』下增『不』字,失之矣。」

《集解》元誥按:「《詩·瓠葉》篇:『有兔斯首。』《釋文》:『斯,鄭作「鮮」。』亦其證。今從俞說。」

今按:韋解不誤。王說、俞說及《集解》元誥按皆不可從。「鮮」、「雖」均讀如字。「夫人知極,鮮有慢心,雖其慢,乃易殘也。」乃言使三公子知其極,不論其無慢心或有慢心,皆易於應對。是從正反兩面言之,文義甚顯。王說、俞說殆求之過深。

## 豈能憚君

吾聞之外人之言曰:為仁與為國不同。為仁者,愛親之謂仁;為國者,利國之謂仁。故長民者無親,眾以為親。苟眾利而百姓和,〔註14〕豈

〔註13〕王念孫《讀書雜誌》,頁七三三,江蘇古籍出版社,1985年版。
〔註14〕「眾利」,明道本作「利眾」。

能憚君？以眾故不敢愛親，眾況厚之，彼將惡始而美終，以晚蓋者也。凡利民是生，〔註15〕殺君而厚利眾，眾孰沮之？殺親無惡於人，人孰去之？苟交利而得寵，志行而眾悅，欲其甚矣，孰不惑焉？雖欲愛君，惑不釋也。（《晉語一》，頁二六四～二六五）

「豈能憚君」，韋解：「豈憚殺君。」

《集解》引俞樾說曰：「《傳》言『豈能憚君』，不得增其文而曰『豈憚殺君』，注義非也。憚當讀爲怛。《考工記‧矢人》：『雖有疾風，亦弗之能憚矣。』鄭注曰：『故書憚或作「怛」。』惠氏士奇《禮說》謂當作『怛』，是其證也。怛之言痛也，傷也。《方言》曰：『怛，痛也。』《詩‧匪風》篇：『中心怛兮。』毛傳曰：『怛，傷也。』豈能怛君，言豈能痛傷君也。因公言『夫豈惠其民而不惠於其父』，故云『苟利眾而百姓和，豈復能痛傷君乎』。下文曰：『以眾故不敢愛親。』正承此句而言。則憚爲怛之假字益明矣。」

今按：韋解固有增字解經之嫌，然其大意近得之。俞謂「憚」爲「怛」之假字，殊爲迂曲，不可從。《說文》：「憚，忌難也。从心，單聲。一曰難也。」段注：「（『一曰難也』之『難』）當作『難之』也。難讀去聲。今本奪『之』字。凡畏難曰憚。」此處「憚」當讀如字，訓「忌難、畏難」。「豈能憚君」，殆謂「不以君爲畏忌」，言下之意即欲殺君（親）。

## 封疆信

驪姬曰：「以皋落狄之朝夕苟我邊鄙，使無日以牧田野，君之倉廩固不實，又恐削封疆。君盍使之伐狄，以觀其果於眾也，與眾之信輯睦焉。若不勝狄，雖濟其罪可也。若勝狄，則善用眾矣，求必益廣，乃可厚圖也。且夫勝狄，諸侯驚懼，吾邊鄙不儆，倉廩盈，四鄰服，封疆信，君得其賴，又知可否，其利多矣。君其圖之。」（《晉語一》，頁二六六）

「封疆信」，韋解：「信，審也。」

《集解》元誥按：「審爲正也，《齊語》：『正其封疆。』」

今按：韋解、《集解》元誥按皆可商。「信」，疑讀爲「申」。「信」讀爲「申」，古書習見。《晉語一》：「子思報父之恥而信其欲。」韋解：「信，古『申』字。」《管子‧霸言》：「計得而疆信，功得而名從。」尹知章注：「信，音申。」《廣

---

〔註15〕「利民」，明道、公序各本皆作「民利」。

雅・釋詁四》：「申，伸也。」此處「申」，義即「伸展、延伸」。「封疆信」與
上文「又恐削封疆」相對，「信」讀爲「申」，訓「伸展、延伸」長於文義。

## 非故也

十七年冬，公使太子伐東山。里克諫曰：「臣聞皋落氏將戰，君其釋申生
也！」公曰：「行也。」對曰：「非故也。君行，太子居，以監國也；君
行，太子從，以撫軍也。今君居，太子行，未有此也。」（《晉語一》，頁
二六七～二六八）

「非故也」，韋解：「非故事也。」《集解》無說。

今按：韋解疑不確。「故」，疑訓「常、法、制」。《左傳・閔公二年》作：
「君行則守，有守則從，從曰撫軍，守曰監國，古之制也。」是其證。說詳
見《魯語上》「哀姜至，公使大夫、宗婦覿用幣。宗人夏父展曰：『非故也。』
公曰：『君作故』」之訂補。

## 以

狐突諫曰：「不可。突聞之，國君好艾，大夫殆；好內，適子殆，社稷危。
若惠於父而遠於死，惠於眾而利社稷，其可以圖之乎？況其危身於狄，
以起讒於內也！」（《晉語一》，頁二六九～二七○）

「況其危身於狄，以起讒於內也」，「以」字韋解、《集解》皆無說。

今按：此處「以」當訓爲「而」。說詳見劉淇《助字辨略》卷三、王念孫
《讀書雜志・荀子第六・禮論》、王引之《經傳釋詞》卷一、《經義述聞・易・
大過》、《經義述聞・通說下・語詞誤解以實義》、俞樾《羣經平議・春秋繁露
二》等，不煩引。

## 矜狄之善　失言於眾

反自稷桑，處五年，驪姬謂公曰：「吾聞申生之謀愈深。日吾固告君曰得
眾，眾不利，焉能勝狄？今矜狄之善，其志益廣。狐突不順，故不出。
吾聞之，申生甚好信而彊，又失言於眾矣，雖欲有退，眾將責焉。言不
可食，眾不可弭，是以深謀。君若不圖，難將至矣！」（《晉語二》，頁二
七五）

「今矜狄之善」，韋解：「矜，大也。善，善用眾。」《集解》無他說。

今按：韋解：「善，善用眾。」於文義未合。此處「善」，當謂「功、伐」，長於文義。《晉語五》：「郤子勇而無禮，矜其伐而恥國君。」《越語下》：「天道盈而不溢，盛而不驕，勞而不矜其功。」是其證。

「又失言於眾矣」，韋解：「詐眾以取國也。」

《集解》元誥按：「失，疑當為『矢』，字之誤也。《詩·柏舟》篇：『之死矢靡他。』《傳》曰：『矢，誓。』此矢言於眾，謂誓言於眾以取國。既誓矣，故不得退悔。若謂失言，雖退悔，何責之有？有何以云『言不可食』乎？」

今按：韋解未明所以。《集解》元誥按所云亦可商。「失」，當讀為「佚」。《說文》：「佚，佚民也。从人，失聲。」段注：「讀失、佚、逸、泆，字多通用。」《說文》：「失，縱也。」《集韻·質韻》：「失，放也。」「失言」，乃謂「放言」。《左傳·襄公二十五年》：「莊公失言淫於崔氏。」杜預集解：「放言將淫崔氏。」亦見《穀梁傳·襄公二十五年》：「莊公失言淫於崔氏。」范甯集解：「放言將淫崔氏。」楊士勛疏：「失言，謂放言。」是其證。是皆驪姬毀譖申生之言也。

## 患難徧也

吾聞之，患難徧也，施難報也，不徧不報，卒於怨讎。夫齊侯將施惠如出責，是之不果奉，而暇晉是皇，雖後之會，將在東矣。（《晉語二》，頁二八七～二八八）

今按：「患難徧也」之「患」，明道、公序各本皆作「惠」。明道、公序各本作「惠」為是。「惠難徧也，施難報也。」「惠」、「施」對文，義類。下文又有：「夫齊侯將施惠如出責。」「患」當為「惠」之形訛。

## 隱悼播越

天降禍於晉國，讒言繁興，延及寡君之紹續昆裔，隱悼播越，託在草莽，未有所依。又重之以寡君之不祿，喪亂並臻。（《晉語二》，頁二九三～二九四）

「隱悼播越」，韋解：「播，散也。越，遠也。」《集解》無說。

今按：韋解：「越，遠也。」疑不確。「播越」二字平列，同義連文。韋解：「播，散也。」得其義。「越」亦當訓「散、揚」。《淮南子・俶眞訓》：「神越者其實華，德蕩者其行僞。」高誘注：「越，散也。」《爾雅・釋言》：「越，揚也。」《晉語三》：「夫人美於中，必播於外而越於民。」韋解：「越，揚也。」《周語下》：「氣不沈滯而亦不散越。」韋解：「越，遠也。」王引之《經義述聞・國語上》：「家大人曰：越，揚也。散揚與沈滯正相反。」《左傳・襄公十四年》：「聞君不撫社稷，而越在他竟。」杜預集解：「越，遠也。」王引之《經義述聞・左傳中》：「家大人曰：越之言播越也。昭二十六年：『茲不穀震盪播越，竄在荊蠻。』與此『越在他竟』同義。桓十六年《公羊傳》：『越在岱陰齊。』義亦與此同。又昭二十年：『亡人不佞，失守社稷，越在草莽。』定四年：『寡君失守社稷，越在草莽。』皆謂播越也。《晉語》：『延及寡君之紹續昆裔，隱悼播越，託在草莽。』亦與『越在草莽』同義。」是皆「越」訓「散、揚」之證。

## 汾陽之田百萬　負蔡之田七十萬

公子夷吾出見使者，再拜稽首，起而不哭，退而私於公子縶曰：「中大夫里克與我矣，吾命之以汾陽之田百萬。丕鄭與我矣，吾命之以負蔡之田七十萬。〔註16〕君苟輔我，薦天命矣，吾必遂矣！〔註17〕亡人苟入，掃宗廟，定社稷，亡人何國之與有？君實有郡縣，且入河外列城五。豈謂君無有，亦爲君之東遊津梁之上，無有難急也。亡人之所懷挾纓纕以望君之塵垢者，黃金四十鎰，白玉之珩六雙，不敢當公子，請納之左右。」

（《晉語二》，頁二九五～二九六）

「吾命之以汾陽之田百萬」，韋解引賈侍中云：「百萬。百萬畝也。」《集解》無他說。

今按：「百萬」當爲「百萬步」，而非「百萬畝」。古代「步百爲畝」，步數百萬，畝數一萬。《晉語八》：「大國之卿，一旅之田；上大夫，一卒之田。」韋解：「公之孤四命，五百人爲旅，爲田五百頃。上大夫一命，百人爲卒，爲田百頃。」古者一夫百畝，上大夫祿田即百夫之田，爲田百頃。百畝爲頃，百頃即萬畝。其時上大夫祿田一萬畝，中大夫七千畝，下大夫五千畝。里克

---

〔註16〕「負蔡」之「蔡」，公序本作「葵」。
〔註17〕「吾必遂矣」，明道本無此四字。

本為中大夫，祿田止七千畝；丕鄭本為下大夫，祿田止五千畝。夷吾許其入國為君後，里、丕二人祿田各升一級，分別為一萬畝、七千畝。〔註18〕

## 不役為後　不役於利　愛其父也

公子縶反，致命穆公。穆公曰：「吾與公子重耳，重耳仁。再拜不稽首，不役為後也。起而哭，愛其父也。退而不私，不役於利也。」（《晉語二》，頁二九七）

「不役為後也」，韋解：「役，貪也。」「不役於利也」，韋解：「不役，不貪。」

《集解》：「宋庠（公序）本役作『沒』，非。」

汪遠孫《國語明道本考異・晉語二》曰：「案『沒』字是也。《戰國・秦策》：『沒利於前而易患於後。』高誘注：『沒，貪也。』與韋注合。」

今按：「役」無有訓「貪」者。當以汪說作「沒」為是。朱駿聲《說文通訓定聲》：「沒，叚借又為冒。《晉語》：『不沒為後也。』注：『貪也。』沒、冒雙聲。」「冒」訓「貪」是其常訓。朱氏正用此《晉語二》之例。《左傳・二十四年》：「何沒沒也？將焉用賄？」杜預集解：「沒沒，沈滅之言。」《經典釋文》：「沒沒，如字。一音妹。」王引之《經義述聞・左傳中》：「家大人曰：沒沒，貪也。故下句云：『將焉用賄？』《晉語》：『不沒為後也。』韋注曰：『沒，貪也。』『不沒於利也』，注曰：『不貪利國家也。』《秦策》：『沒利於前而易患於後。』高注曰：『沒，貪也。』《史記・貨殖傳》：『吏士舞文弄法，刻章偽書，不避刀鋸之誅者，沒於賂遺也。』沒，亦貪也。重言之則曰『沒沒』矣。《釋文》：『一音妹。』『妹』與『昧』同音。昧，亦貪也。」〔註19〕皆其證。故《集解》所云失之，當從汪說作「沒」為是。

「愛其父也」，《集解》：「明道本『父』下有『孝』字。」

汪遠孫《國語明道本考異・晉語二》曰「公序本無『孝』字是也。《禮記・檀弓》篇：『哭而起，則愛父也；起而不私，則遠利也。』與此文法正同。則『愛父』下不當增『孝』字。」

今按：汪氏審於文例，其說可從。

---

〔註18〕說詳見張政烺先生《「士田十萬」新解》一文，《文史》第二十九輯，頁九十一～九十四。

〔註19〕王引之《經義述聞》，頁四三七～四三八，江蘇古籍出版社，1985 年版。

## 行

慶鄭曰：「下有直言，臣之行也。上有直刑，君之明也。臣行君明，國之利也。君雖弗刑，必自殺也。」（《晉語三》，頁三一六）

韋解：「行，道也。」《集解》無他說。

今按：韋解不確。「行」、「明」對舉，其義相類，皆德行、品行之謂也。《論語·述而》：「子以四教：文、行、忠、信。」邢昺疏：「行，謂德行。在心爲德，施之爲行。」《周禮·地官·師氏》：「師氏掌以媺詔王，以三德教國子：一曰至德以爲道本，二曰敏德以爲行本，三曰孝德以知逆惡。教三行：一曰孝行以親父母，二曰友行以尊賢良，三曰順行以事師長。」鄭玄注：「德、行，內外之稱。在心爲德，施之爲行。」《墨子·大取》：「親厚，厚；親薄，薄。親至，薄不至。義，厚親不稱行而顧行。」孫詒讓《閒詁》：「『顧』當爲『類』。後云『厚親不稱行而類行，其類在江上井』，即釋此節。行，謂德行。」是其類。

## 成君

子去晉難而極於此，自子之行，晉無寧歲，民無成君。天未喪晉，無異公子，有晉國者，非子而誰？子其勉之！（《晉語四》，頁三二四）

「民無成君」，韋解：「成，定也。謂奚齊、卓子殺死，惠公無親，內外惡之。」《集解》無他說。

今按：韋解訓「成」爲「定」，疑不確。「成」，疑訓「善」。《廣韻·清韻》：「成，善也。」《晉語四》下文有：「冀州之土，其無令君乎？」《爾雅·釋詁上》：「令，善也。」《詩·大雅·文王》：「令聞不已。」鄭箋：「令，善也。」《晉語七》：「抑人之有元君，將稟命焉。」韋解：「元，善也。」「成君」，疑與下文「令君」、「元君」義同，皆「善君」之謂。

## 無亦　柔嘉

姜與子犯謀，醉而載之以行。醒，以戈逐子犯，曰：「若無所濟，吾食舅氏之肉，其知饜乎！」舅犯走，且對曰：「若無所濟，余未知死所，誰能與豺狼爭食？若克有成，公子無亦晉之柔嘉，是以甘食。偃之肉腥臊，將焉用之？」遂行。（《晉語四》，頁三二六）

「公子無亦晉之柔嘉，是以甘食」，韋解：「無亦，不亦也。」

《集解》徐元誥按：「無亦，亦也，『無』爲發語詞。韋注失之。」

王引之《經傳釋詞‧無》:「《魯語》曰:『彼無亦置其同類。』章注曰:『無亦,亦也。』《周語》曰:『無亦擇其柔嘉。』無亦,亦也。章注曰:『無亦,不亦也。』失之。下《晉語》同。又曰:『望無亦鑒於黎苗之王。』《晉語》曰:『公子無亦晉之柔嘉,是以甘食。』……是無為發聲也。」〔註20〕

今按:章解不誤。王引之《經傳釋詞‧不》:「《玉篇》曰:『不,詞也。』經傳所用,或作丕,或作否,其實一也。有發聲者,有承上文者。……《晉語》曰:『夫晉公子在此,君之匹也,不亦禮焉?』不亦,亦也。僖二十五年《左傳》:『君其禮焉?』文義與此同。……皆發聲也。」「不亦」,古書習見,即「亦」也。「無亦」、「不亦」,其實一也。《集解》徐元誥按知一十而不知二五。王引之《經傳釋詞卷十‧無》云:「章注曰:『無亦,不亦也。』失之。下《晉語》同。」殆智者一時之失。

章解:「柔,脆也。嘉,美也。」《集解》無他說。

今按:章解:「柔,脆也。嘉,美也。」未為確詁。「柔嘉」連文,平列同義,「柔」義即「嘉」,皆訓「善」。「柔嘉」連文,古書習見。《詩‧大雅‧抑》:「慎爾出話,敬爾威儀,無不柔嘉。」鄭箋:「柔,安。嘉,善也。」馬瑞辰《毛詩傳箋通釋》:「《說文》:『脙嘉善肉也。』此連篆文讀之,云脙嘉者,善肉也。《內則》『柔其肉』,《國語》『無亦擇其柔嘉』,『無亦晉之柔嘉』,並同義。肉之善者曰脙嘉,出話、威儀之善亦得謂之柔嘉。柔、嘉皆善也。《說文》:『㹈,牛柔謹也。』《廣雅》:『㹈,善也。』柔與㹈亦聲近義同,故《史記‧夏本紀》『㹈而毅』,《集解》引徐廣《音義》曰:『㹈一作柔。』皆柔當訓善之證。《箋》訓為安,據《晉語》『君父所安也』,章注『安猶善也』,則安與善同義。」《詩‧大雅‧烝民》:「仲山甫之德,柔嘉維則,令儀令色,小心翼翼。」「柔嘉」與下文之「令」相對,鄭箋:「令,善也。」故「柔嘉」皆亦當訓「善」。《呂氏春秋‧審應覽‧精諭》:「夫祈福於三塗,而受禮於天子,此柔嘉之事也。」此「柔嘉」同義訓「善肉」甚明。正與下文「優之肉腥臊」相對。

## 以君之靈

楚子問於公子曰:「子若克復晉國,何以報我?」公子再拜稽首對曰:「子女玉帛,則君有之。羽旄齒革,則君地生焉。其波及晉國者,君之餘也,

---

〔註20〕 王引之《經傳釋詞》,頁一〇二,江蘇古籍出版社,1985年版。

又何以報？」王曰：「雖然，不穀願聞之。」對曰：「若以君之靈，得復晉國，晉、楚治兵，會於中原，其避君三舍。若不獲命，其左執鞭弭，右屬櫜鞬，以與君周旋。」（《晉語四》，頁三三一～三三二）

「若以君之靈，得復晉國」，韋解：「靈，神也。」《集解》無他說。

今按：韋解失之。「靈」，訓「福」。《廣雅‧釋言》：「靈，福也。」《左傳‧昭公七年》：「今君若步玉趾，辱見寡君，寵靈楚國。」孔穎達正義：「言開其恩寵，賜以威靈，以及楚國。」王引之《經義述聞‧左傳下》：「寵靈之靈，非威靈之謂也。《廣雅》曰：『靈，福也。』言寵楚國而賜之以福也。凡傳稱『以君之靈』、『以大夫之靈』者，靈，皆謂福也。三十二年《傳》曰：『今我欲徼福假靈於成王。』哀二十四年《傳》曰：『寡君欲徼福於周公，願乞靈於臧氏。』靈，亦福也。」〔註21〕是其證。今人猶言：「託某某之福如何如何。」

## 公子使奉匜沃盥，既而揮之

秦伯歸女五人，懷嬴與焉。公子使奉匜沃盥，既而揮之。嬴怒曰：「秦、晉匹也，何以卑我？」公子懼，降服囚命。（《晉語四》，頁三三三）

「公子使奉匜沃盥，既而揮之」，《集解》元誥按：「既者，已也。謂重耳盥已，懷嬴揮匜水，以湔洒重耳也。」

今按：審文義，當謂重耳盥畢，揮甩其手之水，不慎而湔洒懷嬴。故下文：「嬴怒曰：『秦、晉匹也，何以卑我？』」不然，何至於怒？《集解》元誥按殆未審文義。

## 公懼，乘馹自下，脫會秦伯於王城

於是呂甥、冀芮畏偪，悔納文公，謀作亂，將以己丑焚公宮，公出救火而遂殺之。伯楚知之，故求見公。公遽出見之，曰：「豈不如女言，然是吾惡心也，吾請去之。」伯楚以呂、郤之謀告公。公懼，乘馹自下，脫會秦伯於王城，告之亂故。（《晉語四》，頁三四八）

「公懼，乘馹自下，脫會秦伯於王城」，韋解：「脫會，遁行潛逃之言也。」〔註22〕

〔註21〕王引之《經義述聞》，頁四五三，江蘇古籍出版社，1985年版。
〔註22〕明道本作：「遁行潛走逃之言去。」汪遠孫《國語明道本考異‧晉語四》：「公

《集解》引吳曾祺說曰：「脫，輕也，謂輕出，不具騶從也。」

今按：韋解、《集解》引吳曾祺說皆不可從。此處疑斷句有誤，似當作：「公懼，乘騈自下，脫，會秦伯於王城。」「脫」與「會」當斷開。「脫」者，免也，免於禍也。《漢書・陳勝項籍傳》：「追者數千，羽自度不得脫。」顏師古注：「脫，免也。」《漢書・賈鄒枚路傳》：「能聽忠臣言，百舉必脫。」顏師古注：「脫，免於禍也。」是其證。

## 其章大矣

公使原季爲卿，辭曰：「夫三德者，偃之出也。以德紀民，其章大矣，不可廢也。」（《晉語四》，頁三五八）

韋解：「章，著也。」《集解》無他說。

今按：韋解失之。「章」，此處當訓「功」。說詳見《魯語》「善有章，雖賤賞也；惡有釁，雖貴罰也」之訂補。

## 爾僮子，而三掩人於朝

范文子暮退於朝。武子曰：「何暮也？」對曰：「有秦客廋辭於朝，大夫莫之能對也，吾知三焉。」武子怒曰：「大夫非不能也，讓父兄也。爾僮子，而三掩人於朝。吾不在晉國，亡無日矣。」擊之以杖，折委笄。（《晉語五》，頁三八一）

「爾僮子，而三掩人於朝」，「僮」，明道、公序各本皆作「童」，無作「僮」者，然二字義通。

公序本「爾童子」下有「何知」二字。汪遠孫《國語明道本考異・晉語五》：「公序本下有『何知』二字，誤衍。《太平御覽・服用部二十》引《國語》無二字。」張以仁《國語斠證・晉語五》：「以仁案：《考異》之說是也。《公孫丑》正義、《白帖》九引皆無『何知』二字。又《天中記》卷十七引有『何知』二字，四九引則無，有者，蓋據公序本改也。」〔註23〕

今按：「何知」二字未必衍，《晉語五》有范文子執戈逐范匄，而訓之曰「童子何知焉」之語，亦見《左傳・成公十六年》，可爲其證。

---

序本無『走』字，『去』作『也』。是也。」
〔註23〕張以仁《國語斠證》，頁二四八，臺灣商務印書館股份有限公司，1969 年版。

## 衿其伐

靡笄之役也，郤獻子伐齊。齊侯來，獻之以得殞命之禮，曰：「寡君使克也，不腆弊邑之禮，為君之辱，敢歸諸下執政，以懲御人。」苗棼皇曰：「郤子勇而不知禮，衿其伐而恥國君，其與幾何！」（《晉語五》，頁三八三）

「衿其伐而恥國君」，「衿」，明道、公序各本皆作「矜」。

今按：「衿」疑「矜」之形訛。韋解作：「矜，大也。」「矜其伐」，古之常語，不當致誤，疑手民誤植。

## 不舉

伯宗問曰：「乃將若何？」對曰：「山有朽壤而崩，將若何？夫國主山川，故川涸山崩，君為之降服、出次、乘縵、不舉、策於上帝，國三日哭，以禮焉。雖伯宗，亦如是而已，其若之何？」（《晉語五》，頁三八四）

「不舉」，韋解：「不舉，不舉樂。」《集解》無他說。

今按：此處「不舉」疑非「不舉樂」之謂。《周禮·天官·膳夫》：「王日一舉，鼎十有二，物皆有俎。」鄭玄注：「殺牲盛饌曰舉。」《周禮·天官·膳夫》後云：「大喪則不舉，大荒則不舉，大札則不舉，天地有裁則不舉，邦有大故則不舉。」孫詒讓正義：「凡不舉並謂不特殺牲也。」《周禮·天官·內饔》：「王舉，則陳其鼎俎，以牲體實之。」孫詒讓正義：「舉亦謂殺牲盛饌也。」《禮記·檀弓》：「國亡大縣邑，公、卿、大夫、士皆厭冠，哭於大廟三日，君不舉。」孫希旦集解：「殺牲盛食曰舉。」《禮記·玉藻》：「至於八月不雨，君不舉。」孫希旦集解：「君每日殺牲以食，則舉肺脊以祭，不舉，謂不殺牲也。」《左傳·成公五年》此處作：「故山崩川竭，君為之不舉，降服、乘縵、徹樂、出次、祝幣、史辭，以禮焉。」杜預集解：「不舉，去盛饌。」後又云：「徹樂，去八音。」此處「不舉」非「不舉樂」明矣。

## 雖死必敗，君必危

郤至聘於周，公使覘之，見孫周，是故使胥之昧與夷羊五刺郤至、苦成叔及郤錡。郤錡謂郤至曰：「君不道於我，我欲以吾宗與吾黨夾而攻之，雖死必敗，君必危，其可乎？」（《晉語六》，頁三九七）

「雖死必敗，君必危」，公序本作：「雖死必敗國，國敗君必危。」汪遠孫《國語明道本考異・晉語六》：「公序本下有『國國敗』三字，此脫。」

今按：汪說是。作「雖死必敗國，國敗君必危」，文義方明。

## 殺老牛而莫之敢尸　果戾順行

欒武子、中行獻子圍公於匠麗氏，乃召韓獻子，獻子辭曰：「弒君以求威，非吾所能為也。威行為不仁，事廢為不智。享一利亦得一惡，非所務也。昔者吾畜於趙氏，趙孟姬之讒，吾能違兵。人有言曰：『殺老牛而莫之敢尸。』而況君乎？二三子不能事君，焉用厥也！」中行偃欲伐之，欒書曰：「不可。其身果而辭順，順無不行，果無不徹，犯順不祥，伐果不克。夫以果戾順行，民不犯也。吾雖欲攻之，其能乎！」乃止。（《晉語六》，頁三九八～三九九）

「殺老牛而莫之敢尸」，明道、公序各本皆作「殺老牛莫之敢尸」，無「而」字。

今按：《左傳・成公十七年》亦作：「殺老牛而莫之敢尸。」「而」疑涉下文「而況君乎」之「而」而衍。

「夫以果戾順行，民不犯也」，韋解：「戾，帥也。以果敢帥順道而行之，故民不犯。」

《集解》引俞樾曰：「韋解『戾』字未合。《爾雅・釋詁》曰：『戾，止也。』止與行正相對。以果戾順行，謂以果戾，以順行也，非謂以果敢帥順而行也。止所當止，其止也果矣，是謂果戾。行所當行，其行也順矣，是謂順行。上文曰『其身果而辭順，順無不行，果無不徹，犯順不祥，伐果不克』，竝以果、順二字平列，此亦當同之。」

今按：韋解失之。俞未審文義，說亦可商。上文云：「其身果而辭順，順無不行，果無不徹。」此云：「果戾順行。」則「果戾順行」乃「順無不行，果無不徹」之縮語，「果戾」猶言「果徹」。韋解：「徹，達也。」則「戾」當與之義同、義近。《爾雅・釋詁上》：「戾，至也。」《詩・小雅・小宛》：「宛彼鳴鳩，翰飛戾天。」毛傳：「戾，至也。」「達」、「至」義類。《晉語四》：「奔而易達，困而有資，休以擇利，可以戾也。」韋解：「達，至也。」是其證。上言「徹」、下言「戾」者，互文耳。「以果戾順行」，謂以果徹，以順行也。

## 稟

公言於諸大夫曰:「孤始願不及此,孤之及此,天也。抑人之有元君,將稟命焉。若稟而棄之,是焚穀也;其稟而不材,是穀不成也。穀之不成,孤之咎也;成而焚之,二三子之虐也。孤欲長處其願,出令將不敢不成,二三子爲令之不從,故求元君而訪焉。孤之不元,廢也,其誰怨?元而以虐奉之,二三子之制也,若欲奉元以濟大義,將在今日;若欲暴虐以離百姓,反易民常,亦在今日。圖之進退,願由今日。」(《晉語七》,頁四〇二~四〇三)

「抑人之有元君,將稟命焉」,韋解:「元,善也。稟,受也。」

《集解》元誥按:「稟,當讀爲倉廩之廩,蓋謂人之有元君,猶有倉廩以資生命也,故下即言穀。若讀爲稟受之稟,則下云『焚穀』、『穀不成』,義不相屬矣。」

今按:韋解不誤。《集解》元誥按恐泥,不煩改字。悼公乃以穀設喻,穀殆謂善政。下文:「歿平公,軍無秕政。」韋解:「秕,以穀諭也。」秕與穀相對,殆謂不善之政。《晉語八》:「以輔成、景,軍無敗政。」「秕政」即「敗政」也。是其類。

## 振廢淹

定百事,立百官,育門子,選賢良,興舊族,出滯賞,畢故刑,赦囚繫,宥間罪,薦積德,逮鰥寡,振廢淹,養老幼,恤孤疾。(《晉語七》,頁四〇三~四〇四)

「振廢淹」,韋解:「振,起也。淹,久也。謂本賢人,以小罪久見廢,起用之也。」《集解》無他說。

今按:韋解:「淹,久也。」失其訓矣。「廢淹」,當與上文之「鰥寡」、下文之「老幼」「孤疾」一例,皆二字平列。《左傳·成公十八年》作:「二月乙酉朔,晉悼公即位於朝。始命百官:施舍已責、逮鰥寡、振廢滯、匡乏困、救災患、禁淫慝、薄賦斂、宥罪戾、節器用、時用民、欲無犯時。」「廢淹」,猶言「廢滯」。「淹」、「滯」,義同。《玉篇·水部》:「滯,淹也。」「廢淹」、「廢滯」,據文例皆二字平列。《廣韻·祭韻》:「滯,廢也。」《晉語四》:「底著滯淫,誰能興之?」韋解:「滯,廢也。」《周禮·天官·大宰》:「以八則治都鄙:……

三曰廢置，以馭其吏。」孫詒讓正義：「《說文・廣部》云：『廢，屋頓也。』引申之，人罷棄擯退，亦謂之廢。」「廢淹」、「廢滯」，均謂屏棄不用之人。

## 宣惠

君知士貞子之帥志博聞而宣惠於教也，使爲大傅。知右行辛之能以數宣物定功也，使爲元司空。知欒糾之能御以和於政也，使爲戎御。知荀賓之有力而不暴也，使爲戎右。（《晉語七》，頁四〇六）

「君知士貞子之帥志博聞而宣惠於教也」，韋解：「宣，徧也。惠，順也。」《集解》無他說。

今按：韋解訓「宣」爲「徧」，疑未是。「宣」、「惠」連文，殆無二義。韋解：「惠，順也。」是用《爾雅・釋言》之訓，得其義。「宣」，義亦當相類。「宣」，此處疑訓「通、順」。《廣韻・仙韻》：「宣，通也。」《呂氏春秋・仲夏紀・古樂》：「昔陶唐氏之始，陰多滯伏而湛積，水道壅塞，不行其原（一作陽道壅塞不行其次），民氣鬱閼而滯著，筋骨瑟縮不達，故作爲舞以宣導之。」高誘注：「宣，通。」《詩・大雅・公劉》：「既庶既繁，既順迺宣。」「宣」、「順」對文義同，甚明。馬瑞辰《毛詩傳箋通釋》：「宣之言通也，暢也。」是其證。是言士貞子之帥志博聞而通順於教，故使爲大傅。

## 文明者導之

欒伯請公族大夫，公曰：「荀家惇惠，荀會文敏，黶也果敢，無忌鎮靜，使茲四人者爲之。夫膏粱之性難正也，故使惇惠者教之，使文明者導之，使果敢者諗之，使鎮靜者修之。惇惠者教之，則徧而不倦；文明者導之，則婉而入；果敢者諗之，則過不隱；鎮靜者修之，則壹。使茲四人者爲公族大夫。」（《晉語七》，頁四〇七）

「使文明者導之」、「文明者導之，則婉而入」，二「文明」之「明」，明道、公序各本皆作「敏」。

今按：上文有：「荀會文敏。」〔註24〕《晉語四》有：「且晉公子敏而有文。」〔註25〕「文」、「敏」，乃古人品評人物德行之常語。故當作「敏」是。

---

〔註24〕公序本作「會」，明道本作「會」。
〔註25〕王引之《經義述聞・國語下》云：「『敏而有文』，本作『敏而文』。因注而衍『有』字也。」頁五〇二，江蘇古籍出版社，1985 年版。

## 狃中軍之司馬

言終，魏絳至，授僕人書而伏劍。士魴、張老交止之。僕人授公，公讀書曰：「臣誅於揚干，不忘其死。日君乏使，使臣狃中軍之司馬。臣聞師眾以順為武，軍事有死無犯為敬。君合諸侯，臣敢不敬，君不說，請死之。」（《晉語七》，頁四一○）

韋解：「狃，正也。」

《集解》引俞樾曰：「『狃』之訓『正』，未聞其義。『狃』當讀為『粗』。《廣雅·釋詁》曰：『粗，廁也。』猶曰『使臣廁中軍之司馬』也。《文選·秋興賦》曰：『攝官承乏，猥廁朝列。』注引《蒼頡篇》曰：『廁，次也。』是其義也。《左傳》作『使臣斯司馬』，疑『斯』即『廁』之誤。古『斯』或作『廝』，與『廁』相似。」〔註26〕

《集解》元誥按：「《玉篇》：『狃，就也。』狃中軍之司馬，就中軍之司馬也。俞說不必然。」

今按：韋解失之。俞說迂遠，不可從。徐說亦未得其義。《左傳·成公十八年》：「祁奚為中軍尉，羊舌職佐之，魏絳為司馬。」《國語·晉語七》作：「公知祁奚之果而不淫也，使為元尉。知羊舌職之聰敏肅給也，使佐之。知魏絳之勇而不亂也，使為元司馬。」韋解：「元司馬，中軍司馬。」《國語·晉語七》：「公以魏絳為不犯，使佐新軍。」《國語·晉語七》後又有：「會諸侯於雞丘，魏絳為中軍司馬。」《爾雅·釋言》：「狃，復也。」郭璞注：「狃，狃忕，復為。」邢昺疏引孫炎云：「狃，狃忕，前事復為也。」《詩·鄭風·大叔於田》：「將叔無狃，戒其傷女。」鄭玄箋：「狃，復也。」《玉篇·犬部》亦有：「狃，復也。」前云：「知魏絳之勇而不亂也，使為元司馬。」後云：「會諸侯於雞丘，魏絳為中軍司馬。」則「日君乏使，使臣狃中軍之司馬」之「狃」訓「復」、「前事復為也」明矣。

## 絳之智能治大官

悼公使張老為卿，辭曰：「臣不如魏絳。夫絳之智能治大官，其仁可以利公室不忘，其勇不疚於刑，其學不廢其先人之職。若在卿位，外內必平。且雞丘之會，其官不犯而辭順，不可不賞也。」公五命之，固辭，乃使

---

〔註26〕《義府·斯》：「左傳襄三年：『使臣斯司馬。』當讀為廝役之『廝』，謙言為役於司馬耳。」

為司馬。使魏絳佐新軍。（《晉語七》，頁四一二～四一三）

「夫絳之智慧治大官」，韋解：「大官，卿也。」《集解》無他說。

今按：韋解恐非確詁。「官」，此處疑訓「事」義長。《廣韻·桓韻》：「官，事也。」《禮記·樂記》：「欣喜歡愛，樂之官也。」鄭玄注：「官，猶事也。」《大戴禮記·虞戴德》：「昔商老彭及仲傀，政之教大夫，官之教士，技之教庶人，揚則抑，抑則揚，綴以德行，不任以言。」王聘珍解詁：「官，猶事也。《魯語》曰：『士朝而受業，晝而講貫，夕而復習。』」《大戴禮記·誥志》：「在國統民如恕，在家撫官而國，安之勿變，勸之勿沮。」王聘珍解詁：「官，猶事也。」是其證。下文：「其官不犯而辭順。」此處「大官」，猶「大事」也。《晉語七》上文有：「公以趙文子為文也，而能恤大事，使佐新軍。」殆其比。

# 民志不厭

平公六年，箕遺及黃淵、嘉父作亂，不克而死。公遂逐羣賊，謂陽畢曰：「自穆侯以至於今，亂兵不輟，民志不厭，禍敗無已。離民且速寇，恐及吾身，若之何？」（《晉語八》，頁四一九）

「民志不厭」，韋解：「厭，極也。」《集解》無他說。

于鬯《香草校書·國語二》：「鬯案：厭訓足。上獻公田章及《周語》兩見『厭』字，韋解並云：『厭，足也。』書傳或作『饜』。依《說文》作『猒』，甘部云：『猒，飽也。』飽亦足也。『民志不厭』，謂民志不能厭足也。而韋此『厭』字獨訓『極』。『極』與『足』義可轉。然云『民志不極』，義近晦矣。宋庠本『不』字作『無』。『無厭』之『厭』亦訓『足』。《呂氏春秋·懷寵紀》：『求索無厭。』高誘注云：『厭，足。』」〔註27〕

今按：韋解疑未確。于鬯所云亦未安文義。「厭」之言「懕」。「懕」從「厭」得聲，當可通作。《集韻·鹽韻》：「懕，或作厭。」《說文》：「懕，安也。」《詩·秦風·小戎》：「厭厭良人，秩秩德音。」毛傳：「厭厭，安靜也。」馬瑞辰《毛詩傳箋通釋》：「厭者，懕之叚借。」是其證。上文云：「自穆侯以至於今，亂兵不輟。」故此云：「民志不厭。」「厭」讀為「懕」訓「安」長於文義。

---

〔註27〕于鬯《香草校書》，頁九一六，中華書局，1984年版。

## 不導　勤身

陽畢曰：「夫正國者不可以暱於權，行權不可以隱於私。暱於權，則民不導；行權隱於私，則政不行。政不行，何以導民？民之不導，亦無君矣。則其為暱與隱也，復害矣，且勤身，君其圖之！若愛欒盈，則明逐羣賊，而以國倫數而遣之，厚篋戒圖以待之。彼若求逞志而報於君，罪孰大焉！滅之猶少。彼若不敢而遠逃，乃厚其外交而勉之，以報其德，不亦可乎？」（《晉語八》，頁四二〇～四二一）

「暱於權，則民不導」，韋解：「不可訓導。」《集解》無他說。

今按：韋解疑失之。「導」，疑讀為「道」，「導」、「道」通作，古書習見。「道」，此當訓「順」，長於文義。「道」訓「順」，見王念孫《讀書雜志・管子第八》、王引之《經義述聞・國語下》等，不煩引。下文「何以導民」、「民之不導」之「導」，亦讀為「道」，訓「順」。

「復害矣，且勤身」，韋解：「復，反也。勤，勞也。反害於國而勞君身。」《集解》無他說。

今按：韋解疑不確。「勤」疑讀為「瘽」，病也。《楚語下》：「民多曠者，而我取富焉，是勤民以自封也，死無日矣。」韋解：「勤，勞也。」王引之《經義述聞・國語下》：「勤，病也。……《爾雅》：『瘽，病也。』《釋文》曰：『瘽，音勤，字亦作懃。』瘽、勤、懃，字異而義同。」〔註28〕是其證。且「害」、「勤」對文，「勤」訓「病」長於文義。

## 人鬼

鄭簡公使公孫成子來聘，平公有疾，韓宣子贊授客館。客問君疾，對曰：「寡君之疾久矣，上下神祇無不徧諭也，而無除。今夢黃熊入於寢門，不知人鬼乎，抑厲鬼邪？（《晉語九》，頁四三七）

「不知人鬼乎」，韋解：「人殺，主殺人。」

《集解》：「各本『人鬼』作『人殺』，韋注曰：『人殺，主殺人。厲鬼。惡鬼。』元誥按：厲鬼亦主殺人，何必分而為二？韋蓋據誤本《國語》曲為之說也。今從《說苑》訂正。」

于鬯《香草校書・國語二》：「鬯案：『殺』即鬼也。人殺，猶言人鬼。今

〔註28〕王引之《經義述聞》，頁五一七，江蘇古籍出版社，1985年版。

世俗人死有回煞之說。『煞』即『殺』字。《說文》無『煞』字，古止作『殺』。人死回煞，亦即人鬼也。若屬鬼則非人之所爲矣。上文云：『今夢黃熊入於寢門。』黃熊非人也，故韓宣子疑爲屬鬼。然黃熊苟爲人所化，則猶是人鬼。故曰：『不知人鬼乎，抑屬鬼邪？』下文子產曰：『其何屬之有？僑聞之，昔者鯀違帝命，殛之於羽山，化爲黃熊，以入於羽淵。』是明其爲人殺，非屬鬼也。韋解言：『人殺，主殺人。』失其義矣。《說苑‧辨物苑》正作：『不知人鬼邪，意屬鬼也？』」〔註29〕

今按：明道、公序各本皆作「人殺」。「人殺」、「屬鬼」對文。韋解未得其義。《集解》得其義，然不當據他書改字，此作「人殺」不誤。于鬯所云得之。

## 尹鐸往而增之

趙簡子使尹鐸爲晉陽，曰：「必墮其壘培。吾將往焉，若見壘培，是見寅與吉射也。」尹鐸往而增之。（《晉語九》，頁四四八）

「尹鐸往而增之」，韋解：「增高其壘，因以自備。」《集解》無他說。

今按：韋解未得其意。壘，荀寅、士吉射圍趙氏所作壘壁也。下文：「夫尹鐸曰：『思樂而喜，思難而懼，人之道也。委土可以爲師保，吾何爲不增？』是以修之，庶曰可以鑑而鳩趙宗乎！」正明尹鐸增高其壘，乃「思難而懼」之意。

## 《鄭語》

## 夏禹能單平水土

夫成天地之大功者，其子孫未嘗不章，虞、夏、商、周是也。虞幕能聽協風，以成物樂生者也。夏禹能單平水土，以品處庶類者也。商契能和合五教，以保於百姓者也。周棄能播殖百穀蔬，以衣食民人者也。其後皆爲王公侯伯。（《鄭語》，頁四六六）

「夏禹能單平水土」，韋解：「單，盡也。」

---

〔註29〕于鬯《香草校書》，頁九一七，中華書局，1984年版。

《集解》元誥按：「單與殫通。《禮記・祭義》篇：『歲既單矣。』《釋文》：『單同殫。』是其證。《說文》：『殫，極盡也。』段《注》：『窮極而盡之也。』」

今按：韋解、《集解》疑皆失之。「單平」與下文之「和合」、「播殖」皆二字平列，同義連文。「單」與「平」亦當平列，二字義同、義近，訓「平、均」。說詳見《魯語上》「帝嚳能序三辰以固民，堯能單均刑法以儀民」之訂補。

## 柔嘉　侯伯

祝融亦能昭顯天地之光明，以生柔嘉材者也，其後八姓，於周未有侯伯。（《鄭語》，頁四六六）

「以生柔嘉材者也」，韋解：「柔，潤也。嘉，善也。」《集解》無他說。

今按：韋解：「柔，潤也。」未為確詁。「柔嘉」連文，平列同義，「柔」義即「嘉」，皆訓「善」。說詳見《晉語四》「公子無亦晉之柔嘉，是以甘食」之訂補。

「其後八姓，於周未有侯伯」，韋解：「侯伯，諸侯之伯。」《集解》無他說。

今按：韋解：「侯伯，諸侯之伯。」疑失之。《禮記・王制》：「王者之制祿爵，公、侯、伯、子、男，凡五等。」「侯伯」之「伯」，非「伯（霸）主」之「伯」，實「公、侯、伯、子、男」之「伯」，爵也。周時楚為子爵，故其曰：「其後八姓，於周未有侯伯。」上文：「夏禹能單平水土，以品處庶類者也。商契能合五教，以保於百姓者也。周棄能播殖百穀蔬，以衣食民人者也。其後皆為王公侯伯。」下文：「佐制物於前代者，昆吾為夏伯矣，大彭、豕韋為商伯矣。當周未有。」可證。

## 易取　長用

其民沓貪而忍，不可因也。唯謝、郟之間，其冢君侈驕，其民怠沓其君，而未及周德，若更君而訓之，是易取也，且可長用也。（《鄭語》，頁四六九～四七〇）

「若更君而訓之，是易取也」，韋解：「更，更以君道導之，則易取。」《集解》：「各本『訓』上有『周』字。汪遠孫曰：『韋注不為「周」字作

解，「周」字疑涉上文「周德」而衍。』元誥按：汪說是，今據刪。」

今按：《集解》所云非是。汪遠孫曰：「韋注不爲『周』字作解，『周』字疑涉上文『周德』而衍。」其說殊不足據。「周」訓「忠信」，古書習見。《詩・小雅・皇皇者華》：「載馳載驅，周爰咨諏。」毛傳：「忠信爲周。」《國語・魯語下》：「諏謀度詢，必諮於周。」韋解：「忠信爲周。」《魯語下》下文又有：「懷和爲每懷，咨才爲諏，咨事爲謀，咨義爲度，咨親爲詢，忠信爲周。」上文：「其民怠沓其君，而未及周德。」韋解：「忠信爲周。」既解之矣，故此處不贅述。且若無「周」字，何以訓民、長用？下文即有：「故王者居九畡之田，收經入以食兆民，周訓而能用之，和樂如一。」韋解：「言以忠信教導之，其民和樂如一室。」是其證。故「周」字不當妄刪。

「且可長用也」，韋解：「長用，久處也。」《集解》無他說。

今按：韋解疑不確。文云：「若更君而（周）訓之，是易取也，且可長用也。」「是易取也」之「是」，非承「唯謝、郟之間」而言，且「用」亦無訓「處」者。「是」實承上文「若更君而訓之」之「之」而言，「是」當謂「其民」。「取」，疑殆訓「治」。《老子》四十八章：「取天下常以無事，及其有事，不足以取天下。」河上公注：「取，治也。」《荀子・王制》：「成侯嗣公，聚斂計數之君也，未及取民也；子產取民者也，未及爲政也；管仲爲政者也，未及修禮也。」楊倞注：「取民，謂得民心。」俞樾《諸子平議・荀子二》：「樾謹按：楊注以取民爲得民心，於義甚晦，殆非也。《老子》曰：『故取天下者，常以無事。』河上公注曰：『取，治也。』此『取』字亦當訓『治』。『取民』言『治民』也。」是其證。「且可長用也」之「用」，疑訓「使」。《廣韻・用韻》：「用，使也。」《周禮・地官・小司徒》：「乃會萬民之卒伍而用之，五人爲伍，五伍爲兩，四兩爲卒，五卒爲旅，五旅爲師，五師爲軍，以起軍旅，以作田役，以比追胥，以令貢賦。」鄭玄注：「謂使民事之。」《大戴禮記・子張問入官》：「所以治者約，故不用衆而譽至也。」王聘珍《解詁》：「用，謂役用之也。」是其證。上文：「其民沓貪而忍，不可因也。」韋解：「因，就也。」「就」，與「用」義近。《管子・心術上》：「因者，因其能者，言所用也。」尹知章注：「就能而用，故曰因也。」《文選・何晏〈景福殿賦〉》：「因東師之獻捷，就海孽之賄賂，立景福之秘殿，備皇居之制度。」呂延濟注：「就，用也。」並爲其證。「其民沓貪而忍，不可因也。」「若更君而（周）訓之，是易取也，且可長用也。」正前後相應。上言「因」、下言「用」者，互文耳。

「若更君而〔周〕訓之，是易取也，且可長用也。」乃言「更其君而以忠信教導其民，則其民易治，且可長使之也」。

## 色一無文　味一無果　物一不講

於是乎先王聘后於異姓，求財於有方，擇臣取諫工而講以多物，務和同也。聲一無聽，色一無文，味一無果，物一不講。（《鄭語》，頁四七二～四七三）

「色一無文」，明道、公序各本皆作「物」。韋解：「五色雜，然後成文。」《集解》云：「依《考正》。」王樹民、沈長雲校記云：「《集解》此處不言『色』字爲『物』字所改，籠統著此五字，殊爲含糊。」汪遠孫《國語明道本考異》卷四：「《考正》云：『「物」當作「色」。』」是其改字之據。

今按：此處當從明道、公序各本作「物」。「物」訓「色」，古之常訓。《楚語下》：「毛以示物，血以告殺。」韋解：「物，色也。」《周禮·春官·保章氏》：「以五雲之物，辨吉凶、水旱降豐荒之祲象。」鄭玄注：「物，色也。」孫詒讓正義：「經云五雲之物，即五雲之色也。凡物各有形色，故天之雲色，地之土色，牲之毛色，通謂之物。」皆可證。故作「物」不誤，不當改作「色」。

「味一無果」，韋解：「五味合，然後可食。果，美。」

《集解》引俞樾曰：「果之訓『美』，未聞其義，果當訓爲『成』。《論語·子路》篇：『行必果。』皇侃疏引繆協曰：『果，成也。』又《文選·謝宣遠〈於安城答靈運詩〉》，注引許慎《淮南子》注曰：『果，成也。』五味合然後可食，若止此一味，則不成味矣。故曰『味一無果』。」

今按：韋解不誤。味一自成一味，何謂「若止此一味，則不成味矣」？《集解》引俞說可商。朱駿聲《說文通訓定聲》：「果，假借又爲甘。《鄭語》：『味一無果。』注：『美也。』又爲乾。果甘、果干，皆雙聲字。」果、甘，上古皆見母字，當可通用。《說文》：「甘，美也。」「果」與「甘」通，故韋解「果，美」不誤。俞說殆不知「果」讀爲「甘」而望文生訓，強生曲解。〔註30〕

「物一不講」，韋解：「講，論校也。」

---

〔註30〕見王其和《俞樾校勘訓詁研究——兼論〈古書疑義舉例〉》，頁一一五～一一六，南京大學，2005 年申請博士學位論文。

《集解》引俞樾曰：「物一不講，甚爲無義。講，當讀爲構，講與構竝從冓聲，古音相同，故得通用。僖十五年《左傳》注：『則講虛而不經。』《釋文》曰：『講，本又作構。』是其證也。《詩·四月》篇：『我日構禍。』鄭箋曰：『構，猶和集也。』又《青蠅》篇：『構我二人。』箋曰：『構，合也。』物一不講，謂物一則不合集也。」

今按：韋解：「講，論校也。」不誤。俞說不必。上文：「擇臣取諫工而講以多物。」韋解：「講，猶校也。」校者，計、數也。物多則講，故此處云：「物一不講。」與之相應。「物一不講」，其義甚明。俞說不可從。

# 《楚語》

## 物官

教之《春秋》，而爲之聳善而抑惡焉，以戒勸其心；教之《世》，而爲之昭明德而廢幽昏焉，以休懼其動；教之《詩》，而爲之導廣顯德，以耀明其志；教之禮，使知上下之則；教之樂，以疏其穢而鎮其浮；教之《令》，使訪物官；教之《語》，使明其德，而知先王之務用明德於民也；教之《故志》，使知廢興者而戒懼焉；教之《訓典》，使知族類，行比義焉。（《楚語上》，頁四八五～四八六）

「教之《令》，使訪物官」，韋解：「物，事也。使議知百官之事業。」《集解》無他說。

今按：韋注疑非確詁。「物官」，承上文之「《令》」而言，韋解：「《令》，先王之官法、時令也。」「物」，疑訓「法」。說詳見王引之《經義述聞·通說上·物》。《周語上》「昭明物則以訓之」之訂補已引王說，茲不贅述。「官」，疑訓「職」。《魯語上》：「冥勤其官而水死。」韋解：「冥，契後六世孫根國之子也，爲夏水官，勤於其職而死於水也。」《晉語八》：「上醫醫國，其次疾人，固醫官也。」韋解：「官，猶職也。」《大戴禮記·曾子立事》：「大夫、士日旦思其官，戰戰惟恐不能勝。」王聘珍《解詁》：「官，職也。」《大戴禮記·小辨》：「知政必知官，知官必知事。」王聘珍《解詁》：「官，分職任政者也。」此處「官」，殆謂「職任、職份、職事」。賈誼《新書·傅職》：「教之任術，使能紀萬官之職任，而知治化之儀。」「治化之儀」，殆言「物」；「萬官之職任」，殆言「官」。

## 齊肅

攝而不徹，則明施舍以導之忠，明久長以導之信，明度量以導之義，明等級以導之禮，明恭儉以導之孝，明敬戒以導之事，明慈愛以導之仁，明昭利以導之文，明除害以導之武，明精意以導之罰，明正德以導之賞，明齊肅以耀之臨。（《楚語上》，頁四八六～四八七）

「明齊肅以耀之臨」，韋解：「齊，壹也。」《集解》無他說。

今按：韋解失之。「齊肅」同義連文，皆訓「敬」。《禮記・中庸》：「齊莊中正，足以有敬也。」陸德明《經典釋文》：「齊，側皆反。」《詩・大雅・思齊》詩序：「思齊，文王所以聖也。」陸德明《經典釋文》：「齊，側皆反。本亦作齋。齋，莊也。」《廣雅・釋詁》：「齋，敬也。」《玉篇》、《廣韻》同。《楚語下》：「毛以示物，血以告殺，接誠拔取以獻具，爲齊敬也。」「齊」、「敬」同義連文。《禮記・中庸》：「齊莊中正，足以有敬也。」《楚語下》：「民之精爽不攜貳者，而又能齊肅衷正。」「齊莊中正」、「齊肅衷正」，義即「齊明衷正」。《楚語下》：「自公以下至於庶人，其誰敢不齊肅恭敬致力於神。」「齊肅恭敬」，四字同義複用。是其比。

## 宣翼

且夫誦詩以輔相之，威儀以先後之，體貌以左右之，明行以宣翼之，制節義以動行之，恭敬以臨監之，勤勉以勸之，孝順以納之，忠信以發之，德音以揚之，教備而不從者，非人也，其可興乎？（《楚語上》，頁四八七）

「明行以宣翼之」，韋解：「宣，徧也。」「翼」字無注。《集解》無他說。

今按：韋解：「宣，徧也。」疑非確詁。「宣」、「翼」，據上下文「輔相」、「先後」、「左右」、「動行」、「臨監」之例，皆二字平列，義當相類。「宣」，疑訓「顯、明」。《詩・衛風・淇奧》：「瑟兮僩兮，赫兮咺兮。」陸德明《經典釋文》：「『咺兮』，《韓詩》作『宣』。宣，顯也。」《詩・周頌・雝》：「宣哲維人，文武維后。」馬瑞辰《毛詩傳箋通釋》：「宣之言顯，顯，明也。」《楚語下》：「其智能上下比義，其聖能光遠宣朗，其明能光照之，其聰能聽徹之。」王引之《經義述聞・國語下》：「光遠者，廣遠也。廣與遠同義。宣朗

者，明朗也。明與朗同義。宣訓爲明。」「翼」疑訓「盛」。《廣雅・釋訓》：「翼翼，盛也。」王念孫《廣雅疏證》：「《小雅・采芑》篇：『四騏翼翼。』《箋》云：『翼翼，壯健貌。』《信南山》篇：『我黍與與，我稷翼翼。』《箋》云：『與與、翼翼，蕃廡貌。』……皆盛大之義也。單言之則謂之翼。」「宣翼」連文，猶言「顯（明）盛」。上文「明行」之「明」亦當訓「彰、顯」，與之相應。《後漢書・班彪列傳》：「然後增周舊，修洛邑，翩翩巍巍，顯顯翼翼，光漢京於諸夏，總八方而爲之極。」李賢注：「翩翩巍巍，顯顯翼翼，並宮闕顯盛之貌。」《後漢書・周黃徐姜申屠列傳》：「若使擢登三事，協亮天功，必能翼宣盛美，增光日月矣。」「翼宣盛美」四字連文，「翼宣」訓「顯盛」甚明。是其證。

## 縮於財用則匱

夫美也者，上下、內外、小大、遠近皆無害焉，故曰美。若周於目觀則美，縮於財用則匱，是聚民利以自封而瘠民也，胡美之爲？（《楚語上》，頁四九五）

「縮於財用則匱」，韋解：「縮，取也。」

《集解》引陳瑑曰：「《說文》：『縮，亂也。』此謂亂取諸財用也。」

今按：韋解、《翼解》所云疑皆非確詁。「縮於財用則匱」、「周於目觀則美」相對成文，則「縮」義當與「周」義相對。《廣韻・尤韻》：「周，備也。」《左傳・文公三年》：「君子是以知秦穆公之爲君也，舉人之周也，與人之壹也。」杜預《集解》：「周，備也。」《文選・班固〈典引〉》：「但有浮華之詞，不周於用。」呂向注：「周，備也。」《申鑒・時事》：「若錢既通而不周於用，然後官鑄而補之。」「周」訓「備、足」義顯。《廣韻・屋韻》：「縮，短也。」《淮南子・時則訓》：「孟春始贏（或作盈），孟秋始縮。」高誘注：「贏，長也。縮，短也。」《淮南子・本經訓》：「贏（或作盈）縮卷舒，淪於不測；終始虛滿，轉於無原。」均「贏」「、縮」對文，故高誘注皆爲：「贏，長也。縮，短也。」此處「縮」訓「短」，猶言「不足」。

## 騷離

夫君國者，將民之與處，民實瘠矣，君安得肥？且夫私欲弘侈，則德義鮮少，德義不行，則邇者騷離，而遠者距違。（《楚語上》，頁四九五）

「則邇者騷離，而遠者距違」，韋解：「騷，愁也。離，叛也。」

《集解》引王應麟曰：「伍舉所云『騷離』，屈平所謂『離騷』，皆楚言也。」

今按：韋解：「騷，愁也。」是也。其云：「離，叛也。」則失之。《集解》引王應麟說亦未審其詳。「邇者騷離，而遠者距違」，「騷離」、「距違」相對成文。「距違」同義連文，「騷離」亦當如之。「離」之言「罹」，古書習見。《詩·王風·兔爰》：「我生之後，逢此百罹。」陸德明《經典釋文》：「罹，本又作離。」《說文（新附）》：「罹，心憂也。从網，未詳。古多通用離。」《爾雅·釋詁下》：「罹，憂也。」《詩·王風·兔爰》：「我生之後，逢此百罹，尚寐無吪。」下章：「我生之後，逢此百憂，尚寐無覺。」「罹」、「憂」相對，故毛《傳》曰：「罹，憂也。」《詩·小雅·小弁》：「民莫不穀，我獨於罹。」鄭《箋》：「罹，憂也。」是其證。故文中「騷離」之「離」當訓「憂、愁」義長。

## 講軍實

故先王之為臺榭也，榭不過講軍實，臺不過望氛祥。故榭度於大卒之居，臺度於臨觀之高。（《楚語上》，頁四九六）

「榭不過講軍實」，韋解：「講，習也。」

《集解》元誥按：「講，讀為構，有合集之義。構軍實，謂藏集軍之器用也。」

今按：韋解未為確詁。《集解》所云疑亦未確，不煩改字。「講軍實」之「講」當訓「校、論校」。《鄭語》：「於是乎先王聘后於異姓，求財於有方，擇臣取諫工而講以多物，務和同也。」韋解：「講，猶校也。」《鄭語》：「聲一無聽，物一無文，味一無果，物一不講。」韋解：「講，論校也。」朱駿聲《說文通訓定聲》：「講，和解也。……凡肄習較論之意，皆一義之引申。」《廣韻·效韻》：「校，檢校。」《荀子·彊國》：「然而憂患不可勝校也，諰諰常恐天下之一合而軋己也。」楊倞注：「校，計。」《史記·平準書》：「京師之錢累巨萬，貫朽而不可校。」裴駰《集解》引如淳曰：「校，數也。」《左傳·隱公五年》：「以數軍實，昭文章，明貴賤，辨等列，順少長，習威儀也。」《左傳·襄公二十四年》：「齊社，蒐軍實，使客觀之。」杜預《集解》：「祭社，因閱數軍器。」洪亮吉《春秋左傳詁》引《周禮疏》云：「蒐，數。軍實，兵甲器械。」是其比。

## 神明　荒失遺忘

若武丁之神明也，其聖之睿廣也，其智之不疚也，猶自謂未乂，故三年默以思道。既得道，猶不敢專制，使以象旁求聖人。既得以爲輔，又恐其荒失遺忘，故使朝夕規誨箴諫，曰：『必交修余，無余棄也。』（《楚語上》，頁五〇四）

「若武丁之神明也」，韋解：「通於神明。」《集解》無他說。

今按：韋解謂「神明」爲「神祇、神靈」，不確。「神」、「明」連文，義類。《淮南子・兵略訓》：「見人所不見謂之明，知人所不知謂之神。」「神明」，即見人所不見，知人所不知。《說苑・辨物》：「師曠不樂，謁歸。歸未幾而平公死。乃知師曠神明矣。」《焦氏易林・同人之無妄》：「黃帝神明，八子聖聰。」「神明」、「聖聰」對文，義近。是其類。

「又恐其荒失遺忘」，韋無解。《集解》亦無說。汪遠孫《國語發正・楚語上》：「『荒失遺忘』，四字平列，同義。《廣雅・釋詁二下》：『慌訣，忘也。』『荒失』即『慌訣』。」《書・盤庚》：「明聽朕言，無荒失朕命。」〔註31〕是其類。汪說得其義。

## 不可方物

於是乎有天地神民類物之官，是謂五官，各司其序，不相亂也。民是以能有忠信，神是以能有明德，民神異業，敬而不瀆，故神降之嘉生，民以物享，禍災不至，求用不匱。及少皞之衰也，九黎亂德，民神雜糅，不可方物。（《楚語下》，頁五一四～五一五）

「不可方物」，韋解：「方，猶別也。物，猶名也。」《集解》無他說。

今按：韋解：「方，猶別也。」得之。其云：「物，猶名也。」猶未詳。「方物」連文，皆訓「類」。《廣雅・釋詁三》：「方，類也。」《廣韻・陽韻》、《集韻・陽韻》同。《淮南子・精神訓》：「以死生爲一化，以萬物爲一方。」高誘注：「方，類也。」王引之《經義述聞・通說上・物》：「引之謹案：物之爲事，常訓也。又訓爲類。《繫辭傳》：『爻有等，故曰物。』韓注曰：『等，類也。』

---

〔註31〕《書・盤庚》「明聽朕言，無荒失朕命。」「荒失」，孔安國傳：「荒廢。」失之。孫星衍《尚書今古文注疏》：「荒者，《詩傳》云：『虛也。』失，江氏聲讀爲『佚』。《說文》云：『佚，一曰忽也。』今按：《說文》：「忽，忘也。」《漢書・宣元六王傳》：「忽於道德。」顏師古注：「忽，遺忘也。」是其證。

桓二年《左傳》：『五色比象，昭其物也。』謂昭其比類也。杜注云：示器物不虛設。失之。宣十二年《傳》：『百官象物而動。』杜注：物，猶類也。《周語》：『象物天地，比類百則。』象物，猶比類也。」《晉語六》：「如草木之產也，各以其物。」韋解：「物，類也。」《左傳‧昭公九年》：「事有其物，物有其容，今君之容非其物也。」杜預集解：「物，類也。」是其證。上文：「於是乎有天地神民類物之官，是謂五官。」「類物」連文，是其比。「方物」，猶言類別也。

## 不可以封

祀所以昭孝息民、撫國家、定百姓也，不可以已。夫民氣縱則底，底則滯，滯久而不震，生乃不殖。其用不從，其生不殖，不可以封。（《楚語下》，頁五一八）

「不可以封」，韋解：「封，封國也。」《集解》無他說。

今按：韋解疑非。「封」，殆與「豐」同，疑訓「長、大、厚」。《廣雅‧釋詁一》：「封，大也。」王念孫《廣雅疏證》：「封之言豐也。《商頌‧殷武》傳云：『封，大也。』《堯典》云：『封十有二山。』封、墳，語之轉。故大謂之封。」《左傳‧定公四年》：「吳為封豕長蛇，以薦食上國。」「封」、「長」對文，義類。《玉篇‧土部》：「封，厚也。」《廣韻‧鍾韻》：「封，厚也。」《晉語一》：「今君起百姓以自封也，民外不得其利，民外不得其利，而內惡其貪，則上下既有判矣。」《晉語八》：「君子比而不別。比德以贊事，比也；引黨以封己，利己而忘君，別也。」《楚語上》：「是聚民利以自封而瘠民也。」《楚語下》：「民多曠者，而我取富焉，是勤民以自封也，死無日矣。」韋解並曰：「封，厚也。」是其證。下文亦有：「夫貨、馬郵則闕於民，民多闕則有離叛之心，將何以封矣？」韋解：「封，封國也。」殆亦失之。此二「封」非謂「封國」，楚之為子國亦久矣。若「夫民氣縱則底，底則滯，滯久而不振，生乃不殖。其用不從，其生不殖」、「夫貨、馬郵則闕於民，民多闕則有離叛之心」，則其勢將不長、大、厚矣。故《楚語下》云：「民多曠者，而我取富焉，是勤民以自封也，死無日矣。」與上文「夫貨、馬郵則闕於民，民多闕則有離叛之心，將何以封矣」相應。《國語》習見之「其與幾何」、「亡無日矣」殆與「不可以封」、「將何以封矣」義近，俱云「其勢將不久長」。《鄭語》：「夫和實生物，同則不繼。以他平他謂之和，故能豐長而物歸之；若以

同神同，盡乃棄矣。」「豐長」即「封長」，「豐」、「封」通作，古書習見。亦申此義。

## 攝固

天子郊禘之事，必自射其牲，王后必自舂其粢。諸侯宗廟之事，必自射牛、刲羊、擊豕，夫人必自舂其盛。況其下之人，其誰敢不戰戰兢兢以事百神！天子親舂郊禘之盛，王后親繰其服，自公以下至於庶人，其誰敢不齊肅恭敬致力於神！民所以攝固者也，若之何其舍之！（《楚語下》，頁五一九～五二○）

「民所以攝固者也」，韋解：「攝，持也。」《集解》無他說。

今按：韋解未審文例，失之。「攝」、「固」連文，義同。「攝」，當訓「安、固」。《集韻・帖韻》：「攝，攝然，安也。」《漢書・嚴朱吾丘主父徐嚴終王賈傳》：「近者親附，遠者懷德，天下攝然。」顏師古注引孟康曰：「攝，安也。」《魯語上》：「帝嚳能序三辰以固民，堯能單均刑法以儀民。」韋解：「固，安也。」《楚語上》：「倓而不攝，則身勤之，多訓典刑以納之，務愼惇篤以固之。」「攝」與下文「固」相對，義同，故韋解：「攝，固也。」上文：「祀所以昭孝息民、撫國家、定百姓也，不可以已。」義與此段文字近。「定百姓也」，「定」亦「安、固」之義。且「民」上承前省「祀」字，全句當為：「祀，民所以攝固者也，若之何其舍之！」《魯語上》：「故能攝固不解以久。」《晉語四》：「姓利相更，成而不遷，乃能攝固，保其土房。」《風俗通義・江夏太守河內趙仲讓》（卷四）：「故能攝固其位，天下無覬覦也。」「攝固」連文，義同。《周語中》：「然則民莫不審固其心力以役上令，官不易方，而財不匱竭，求無不至，動無不濟。」「審固」亦連文例，亦皆訓「安、定」。是其比。〔註32〕

## 蓄聚積實

吾見令尹，令尹問蓄聚積實，如餓豺狼焉，殆必亡者也。夫古者聚貨不妨民衣食之利，聚馬不害民之財用，國馬足以行軍，公馬足以稱賦，不是過也。（《楚語下》，頁五二一）

「令尹問蓄聚積實」，韋解：「實，財也。」

〔註32〕說詳見《周語中》「然則民莫不審固其心力以役上令」之訂補。

今按：韋解恐不確。「蓄聚積實」，疑四字平列，「實」殆與「蓄、聚、積」義近。《禮記・表記》：「遂其辭，則實以君子之德。」孔穎達正義：「實，猶充也。」《廣雅・釋詁三》：「實，塞也。」《楚辭・九歌・湘夫人》：「合百草兮實庭，建芳馨兮廡門。」「實」訓「充、塞」甚明。「充、塞」、「蓄、聚、積」義近。王逸章句：「屈原生遭濁世，憂愁困極，意欲隨從鬼神，築室水中，與湘夫人比鄰而處。然猶積聚眾芳以為殿堂，修飾彌盛，行善彌高也。」謂「實」有「積聚」義。是其證。《左傳・文公十八年》：「聚斂積實，不知紀極。」「聚斂積實」，亦四字平列。杜預集解：「實，財也。」亦恐失之。〔註33〕《禮記・月令》：「是月也，農有不收藏積聚者，馬牛畜獸有放佚者，取之不詰。」「收藏積聚」四字平列，文例與「蓄聚積實」同，是亦其類。

## 三舍令尹

**昔鬪子文三舍令尹，無一日之積，恤民之故也。成王聞子文之朝不及夕也，於是乎每朝設脯一束、糗一筐，以羞子文。至於今秩之。**（《楚語下》，頁五二一～五二二）

「昔鬪子文三舍令尹」，韋解：「舍，去也。」

《集解》：「《後漢書・何敞傳》引《國語》舍作『登』。」

于鬯《香草校書・國語》：「鬯案：舍，本有居義。《說文・宀部》云：『市居曰舍。』則引伸即凡居義。「三舍令尹」，當謂三居令尹，非謂三去令尹。韋解訓舍為去，殆失矣。《論語・公冶長篇》云：『令尹子文三仕為令尹，無喜色；三已之，無慍色。』則子文固有三已之事。三已即三去矣。此事他書所載，或指申叔敖。然此言三舍，必即彼云三仕，非三去也。使三舍即三去，將下文何以云『每朝設脯一束、糗一筐，以羞子文。至於今令尹秩之』乎？每朝者朝於君也，惟其居令尹故朝，若去亦不煩朝矣。『至於今令尹秩之』者，韋解云：『秩，

---

〔註33〕王引之《經義述聞・禮記下・好實》：「哀公問：『今之君子，好實無厭。』鄭注曰：『實，猶富也。』引之謹案：《說文》：『實，富也。』此言『好實無厭』，則『實』謂財貨也。《表記》：『其君子尊仁畏義，恥費輕實。』鄭彼注曰：『實，謂財貨也。』文十八年《左傳》：『聚斂積實，不知紀極。』《楚語》：『令尹問蓄聚積實。』韋杜注竝曰：『實，財也。』皆與此『實』字同義。此對上文『古之君子與民同利』而言。《大戴》作『好色無厭。』乃後人不知古義而妄改之。」其云：「文十八年《左傳》：『聚斂積實，不知紀極。』《楚語》：『令尹問蓄聚積實。』韋杜注竝曰：『實，財也。』皆與此『實』字同義。」疑似可商。恐殆亦未審文例而失其訓。

常也。』則謂至於今令尹者，每朝必設脯一束、糗一筐，以爲例也。惟其居令尹時如此，故至於今令尹朝以爲例。若去又何爲以去令尹者之例施於今爲令尹者乎？《周禮・酒正》職鄭注引司農云：『《國語》曰：「至於今秩之。」』賈釋引亦無『令尹』二字。汪遠孫《考異》遂因此疑『令尹』二字涉上文衍。彊謂非也。司農引以證秩酒，本不必及令尹義，故刪之。賈即依注不引。未必皆其所據本然也。且衍『令尹』二字，則『至於今秩之』者即如下文『至於今處郢』之義。秩訓常，亦爲可商矣。《後漢書・何敞傳》李賢注云：『《國語》：「昔楚鬪子文三登令尹。」』多一『楚』字，當由章懷所添。此鬪且本楚人，述楚事，不必加『楚』字。彼引此『舍』作『登』，即足證此『舍』非去義而爲居義矣。『三登』即三居也。《潛夫・遏利論》云：『昔鬪子文三爲令尹而有飢色，妻子凍餒，朝不及夕。』當本《國語》說。而云『三爲』，又足證『舍』非去義而爲居義矣。『三爲』亦三居也。又《戰國・楚策》云：『昔令尹子文未明而立於朝，日晦而歸食。朝不謀夕，無一月（『月』爲『日』之誤）之積。』亦與《國語》合。曰朝、曰歸，又明謂居令尹時，非去令尹時也。」〔註34〕

今按：韋解失之。《集解》似得其義，然未審其詳。于說是，當從。

## 《吳語》

### 不吾足

王不如設戎，約辭行成以喜其民，以廣侈吳王之心。吾以卜之於天，天若棄吳，必許吾成而不吾足也，將必寬然有伯諸侯之心焉。（《吳語》，頁五三七）

「必許吾成而不吾足也」，韋解：「言越不足畏。」

《集解》：「元誥按：足，疑讀爲促。《說文》：『促，迫也。』」

于鬯《香草校書・國語》：「鬯案：『不吾足』者，謂吳必不以服越爲足，又將用兵於他國也。故下文云『將必寬然有伯諸侯之心焉』，而上文所謂『以廣侈吳王之心』也。韋解云：『言越不足畏。』蓋據下章『越曾足以爲大虞』之意。然此與上下文意實不能密合。且『不足畏』而曰『不吾足』，語亦不完。下章云：『孤將有大志於齊。』此『不吾足』之言驗矣。」〔註35〕

---

〔註34〕于鬯《香草校書》，頁九二六～九二七，中華書局，1984年版。
〔註35〕于鬯《香草校書》，頁九二七，中華書局，1984年版。

今按：韋解、《集解》疑皆非確詁。于說審於文義，當是。

## 封殖　而又刈之　則何實以事吳

今天王既封殖越國，以明聞於天下，而又刈之，是天王之無成勞也。雖四方之諸侯，則何實以事吳？（《吳語》，頁五三九）

「今天王既封殖越國」，韋解：「封殖，以草木自喻。壅本曰封。殖，立也。」明道本「封殖」作「封植」，注亦是。

今按：「殖」與「植」通。《集韻‧志韻》：「殖，植也。」《廣雅‧釋詁》：「殖，立也。」王念孫《廣雅疏證》：「殖，與植通。」《周語下》：「上得民心，以殖義方。」韋解：「殖，立也。」

「而又刈之」，韋解：「芟草曰刈。勞，功也。」

《集解》元誥按：「各本『刈』下有『亡』字，今依《太平御覽‧人事部》九十七引《國語》刪。」

今按：依《太平御覽‧人事部》九十七引《國語》刪「刈」下「亡」字，疑未審文例，且僅憑類書，殊不足據。「封」、「殖」義類，「刈亡」亦當如之。「刈亡」，與上「封殖」相對成文。「刈」下當從各本有「亡」字是。

「則何實以事吳」，韋解：「實，實事也。」《集解》無他說。

今按：「實」為語詞，韋解失之。王引之《經義述聞‧尚書》：「引之謹按：《爾雅》：『寔，是也。』寔，與實通。是可為語詞，實亦可為語詞。《詩》凡言「實方」、「實苞」、「實墉」、「實墾」之類，皆語詞也。」〔註36〕劉淇《助字辨略》：「此實字，語助辭，不為義也。實得為語助者，是之轉也。」〔註37〕《晉語四》：「重耳若獲集德而歸載，使主晉民，成封國，其何實不從？」《晉語八》：「子稱蠱，何實生之？」《吳語》：「將必越實有吳土。」《左傳‧昭公十一年》：「景王問於萇弘曰：『今茲諸侯，何實吉？何實凶？』」是其比。「實」皆語詞，不為義。

## 離落

夫越非實忠心好吳也，又非懾畏吾兵甲之彊也。大夫種勇而善謀，將還玩吳國於掌股之上，以得其志。夫固知君王之蓋威以好勝也，故婉約其

〔註36〕王引之《經義述聞》，頁一○○，江蘇古籍出版社，1985 年版影印本。
〔註37〕劉淇《助字辨略》，頁二四四～二四五，中華書局，2004 年第二版。

辭，以從逸王志，使淫樂於諸夏之國，以自傷也。使吾甲兵鈍弊，民人離落，而日以憔悴，然後安受吾燼。（《吳語》，頁五三九～五四○）

「民人離落」，韋解：「離，叛也。落，隕也。」《集解》無他說。

今按：韋解：「落，隕也。」未洽文義。《說文》：「凡草曰零，木曰落。」引申可得「離散」義。《史記·汲鄭列傳》：「此兩人中廢，家貧，賓客益落。」司馬貞索隱：「落，猶零落。謂散也。」《漢書·張馮汲鄭傳》作：「兩人中廢，賓客益落。」顏師古注：「落，散也。」「離落」同義連文，「落」訓「散」義長。

## 辟易

夫天之所棄，必驟近其小喜，而遠其大憂。王若不得志於齊，而以覺寤王心，吳國猶世。吾先君得之也，必有以取之；其亡之也，亦有以棄之。用能援持盈以沒，而驟救傾以時。今王無以取之，而天祿甌至，是吳命之短也。員不忍稱疾辟易，以見王之親爲越之擒也。員請先死。（《吳語》，頁五四四～五四五）

「員不忍稱疾辟易」，韋解：「辟易，狂疾。」

《集解》引汪遠孫曰：「易，讀爲瘍。《廣雅·釋詁》：『瘍，癡也。』」〔註38〕

今按：韋解、《集解》所云疑皆未安文義。「辟」疑讀爲「避」。易，移也。既言「稱疾」，若「辟易」依韋解作「狂疾」，則行文重複。且「辟易」訓「狂疾」，不明何據。「辟」疑讀爲「避」，古書習見，不費言。易，移也。王引之《經義述聞·通說上》：「家大人曰：移、易二字同義，人所共曉。然書傳多訓『移』爲『易』，未有訓『易』爲『移』者。今案：《盤庚》曰：『我乃劓殄滅之，無遺育，無俾易種於茲新邑。』言毋移種於新邑也。宣十七年《左傳》：『喜怒以類者，易者實多。』言怒彼而遷於此也。襄十年《傳》：『女既勤君，而興諸侯，牽帥老夫以至於此。既無武守，而又欲易余罪。』言女欲移罪於余也。定十年《傳》：『侯犯將以邱易於齊。』言以魯之邱移於齊也。《魯語》曰：『譬之如疾，余恐易焉。』言恐禍之移於我也。凡同義之字，皆可互訓，而注疏多未之及，且有誤解『易』字者，故略言之。」〔註39〕「辟易」連文，

〔註38〕「瘍」當作「瘍」，殆形近而誤。
〔註39〕王引之《經義述聞》，頁七二六，江蘇古籍出版社，1985年版影印本。

猶言「躲避、迴避、避開」。《史記・項羽本紀》：「是時，赤泉侯爲騎將，追項王，項王瞋目而叱之，赤泉侯人馬俱驚，辟易數里。」張守節《正義》：「言人馬俱驚，開張易舊處，乃至數里。」《漢書・陳勝項籍傳》：「是時，楊喜爲郎騎，追羽，羽還叱之，喜人馬俱驚，辟易數里。」顏師古注：「辟易，謂開張而易其本處。」「稱疾辟易」，殆言「稱病躲避、迴避」。

## 民之惡死而欲富貴以長沒也

危事不可以爲安，死事不可以爲生，則無爲貴智矣。民之惡死而欲富貴以長沒也，與我同。雖然，彼近其國，有遷；我絕慮，無遷。彼豈能與我行此危事也哉？事君勇謀，於此用之。今夕必挑戰，以廣民心。請王勵士，以奮其朋勢，勸之以高位重畜，備刑戮以辱其不勵者，令各輕其死。（《吳語》，頁五四七）

《集解》：「明道本『民之』作『民以』。」

今按：「之」、「以」，其義一也。吳昌瑩《經詞衍釋》卷一：「以，猶『之』也。《論語》：『君子義以爲上。』《史記・子路傳》作：『義之爲上。』《左傳》閔二年：『佩以金玦。』《晉語》作：『佩之。』是以義同『之』也。」〔註40〕

《經詞衍釋》卷九：「之，猶『以』也。《孟子》：『三年之外。』謂以外也。《詩》：『種之黃茂，樹之榛栗。』《左傳》隱八年：『胙以土而命之民。』莊二十二年：『八世之後。』……此皆『之』同『以』義。」〔註41〕

## 安步

彼將不戰而先我，我既執諸侯之柄，以歲之不穫也，無有誅焉，而先罷之，諸侯必說。既而皆入其地，王安挺志，一日惕，一日留，以安步王志。（《吳語》，頁五四七～五四八）

「以安步王志」，韋解：「步，行也。」《集解》無他說。

今按：韋解疑失其訓。「安步」，同義連文，猶言「徐緩」、「寬緩」。《廣韻・寒韻》：「安，徐也。」《戰國策・魏策四》：「韓不聽，秦必留君而伐韓矣。故君不如安行求質於秦。」鮑彪注：「安，猶徐也。」是「安」訓「徐緩」之

---

〔註40〕吳昌瑩《經詞衍釋》，頁一一，中華書局，1956年版。
〔註41〕吳昌瑩《經詞衍釋》，頁一七三～一七四，中華書局，1956年版。

證。劉熙《釋名・釋姿容》：「徐行曰步。」《楚辭・離騷》：「步余馬於蘭皋兮，馳椒丘且焉止息。」王逸《章句》：「步，徐行也。」「步」由「徐行」可得「緩」義。《史記・禮書》：「和鸞之聲，步中《武》《象》，驟中《韶》《濩》，所以養耳也。」「驟」訓「疾」是其常義，「步」、「驟」對文，故張守節《正義》云：「步，猶緩。」「以安步王志」之「步」恐當以訓「徐、緩」義長。

## 赤米

> 曰臣嘗卜於天，今吳民既罷，而大荒薦饑，市無赤米，而囷鹿空虛，其民必移就蒲蠃於東海之濱。天占既兆，人事又見，我蔑卜筮矣。（《吳語》，頁五五四〜五五五）

「市無赤米」，韋解：「赤米，米之姦者，今尚無有。」

《集解》引程大昌曰：「赤米，今俗謂紅霞米，田之高仰者種之，以其早熟且耐旱也。」

今按：「赤米」，或謂因黴腐而發紅之米。《說文》：「粞，陳臭米。」段《注》：「（《漢書》）賈捐之傳：『太倉之粟，紅腐而不可食。』師古曰：『粟久腐壞，則色紅赤也。』按紅即粞之段借字。」《抱朴子外篇・詰鮑》：「官倉之米，至腐赤不可勝計。」是其證。〔註42〕

## 泝江　踰江

> 於是吳王起師，軍於江北，越王軍於江南。越王乃中分其師以為左右軍，以其私卒君子六千人為中軍。明日將舟戰於江，及昏，乃令左軍銜枚泝江五里以須，亦令右軍銜枚踰江五里以須。夜中，乃命左軍、右軍涉江鳴鼓，中水以須。（《吳語》，頁五六〇）

「亦令右軍銜枚踰江五里以須」，韋解：「踰，度也。」《集解》無他說。

于鬯《香草校書・國語》：「鬯案：『踰江』與上文『泝江』為對。『泝江』為逆流而上，則『踰江』必為順流而下。惟『踰』字無順流之詁，故韋解訓為『度』。『度』即『渡』也。然下文始云：『乃命左軍、右軍涉江鳴鼓，中水以須。』方是使其半渡至江中，此時實未渡也。蓋此時越王在江南，分軍為

---

〔註42〕說見徐復先生《後讀書雜志・漢書雜志》，頁四一，上海古籍出版社，1996年版。

左右，則左軍在西，右軍在東。上文云『乃令左軍銜枚泝江五里以須』者，使左軍又西五里。此云『亦令右軍銜枚踰江五里以須』者，使右軍又東五里。離開兩軍以爲夾攻吳軍之計。然則左軍逆江水而西上，故曰『泝江』；右軍順江水而東下，故曰『踰江』。此義甚顯。有不煩求古詁者矣。」〔註43〕

今按：于說於文義爲安。

# 《越語》

## 資

臣聞之，賈人夏則資皮，多則資絺，旱則資舟，水則資車，以待乏也。（《越語上》，頁五六七～五六八）

「夏則資皮，多則資絺，旱則資舟，水則資車」，韋解：「資，取也。」《集解》無他說。

今按：韋解疑非確詁。「資」疑訓「積聚」義長。《說文》：「資，貨也。」段《注》：「資者，積也。旱則資舟，水則資車；夏則資皮，多則資絺紵。皆居積之謂。」《史記・魏公子列傳》：「嬴聞如姬父爲人所殺，如姬資之三年，自王以下欲求報其父仇，莫能得。」司馬貞索隱：「舊解資之三年謂服齊衰也。今案：資者，畜也。謂欲爲父復讎之資畜於心已得三年矣。」是其證。

## 帶甲萬人事君也

遂使之行成於吳，曰：「寡君句踐乏無所使，使其下臣種，不敢徹聞於天王，私於下執事曰：『寡君之師徒不足以辱君矣，願以金玉、子女賂君之辱，請句踐女女於王，大夫女女於大夫，士女女於士。越國之寶器必從，寡君帥越國之衆，以從君之師徒，唯君左右之。』若以越國之罪爲不可赦也，將焚宗廟，繫妻孥，沈金玉於江。有帶甲五千人將以致死，乃必有偶，是以帶甲萬人事君也。無乃即傷君王之所愛乎？與其殺是人也，寧其得此國也，其孰利乎？」（《越語上》，頁五六八）

「是以帶甲萬人事君也」，韋解：「言赦越罪，是得帶甲萬人事君。」

《集解》引汪遠孫曰：「五千人，人人致死，勇氣自倍，一人可得二人之

〔註43〕于鬯《香草校書》，頁九三二～九三三，中華書局，1984 年版。

用，故曰『帶甲萬人』。戰而言『事君』者，遜辭耳。韋注非也。」

今按：韋注不誤。「有帶甲五千人將以致死，乃必有偶」，韋昭注：「偶，對也。」是謂己方拼死以戰，一人可對吳方一人。「有帶甲五千人將以致死」，一人抵對一人，則死者萬人。故其下文曰：「是以帶甲萬人事君也，無乃即傷君王之所愛乎？」汪遠孫所云：「五千人，人人致死，勇氣自倍，一人可得二人之用，故曰『帶甲萬人』。」未得其義。《史記・越王句踐世家》作：「不幸不赦，句踐將盡殺其妻子，燔其寶器，悉五千人觸戰，必有當也。」司馬貞索隱：「言悉五千人觸戰，或有能當吳兵者，故《國語》作『耦』，耦亦相當對之名。又下文云『無乃傷君王之所愛乎』，是有當則相傷也。」可證。

## 寡人不能

**寡人聞古之賢君，四方之民歸之，若水之歸下也。今寡人不能，將帥二三子夫婦以蕃。**（《越語上》，頁五七〇）

「寡人不能」，韋無解。《集解》引吳曾祺曰：「謂不能使四方之民來歸，故以生聚爲要。」謂「能」爲「能夠」之「能」。

今按：吳說疑未得其義。此處「能」疑訓「賢能、賢德」。《廣韻・登韻》：「能，賢能也。」《魯語下》：「使予欺君，謂予能也。」韋解：「能，賢能也。」「寡人不能」，與上文「古之賢君」相對，殆謂己無賢德，猶言「不穀不德」。《左傳・僖公二十四年》：「冬，王使來告難曰：『不穀不德，得罪於母弟之寵子帶，鄙在鄭地汜，敢告叔父。』」《楚語上》：「恭王有疾。召大夫曰：『不穀不德，失先君之業，覆楚國之師，不穀之罪也。』」《左傳・襄公十三年》：「楚子疾，告大夫曰：『不穀不德，少主社稷，生十年而喪先君，未及習師保之教訓，而應受多福。』」是其比。

## 令孤子、寡婦、疾疹、貧病者，納宦其子

**當室者死，三年釋其政；支子死，三月釋其政。必哭泣葬埋之如其子。**
**令孤子、寡婦、疾疹、貧病者，納宦其子。**（《越語上》，頁五七一）

「令孤子、寡婦、疾疹、貧病者，納宦其子」，韋解：「宦，仕也。仕其子而教之，以廩食之也。」《集解》無他說。

于鬯《香草校書・國語》：「鬯案：既云『孤子』，又云『其子』，必不可

通。『其子』二字蓋衍文。上文云：『必哭泣葬埋之，如其子。』此即涉彼『其子』而言也。韋解云：『官，仕也。仕其子而教以廩食之也。』則於此『孤子』、『其子』之牴牾竟似未悟。即其語亦頗難解。子既可仕，必不須教；既須教，又焉可仕？又曰『廩食之』，將教之以廩食乎？宋庠本正文『官』作『宦』，解同。『教』下有『之』字，『以廩』作『廩以』。竊謂『官』當讀爲『館』。『令孤子、寡婦、疾疹、貧病者納官』者，謂『令孤子、寡婦、疾疹、貧病者納館』也。古『館』字本止作『官』。觀『官』字從宀可會。說見俞陰甫太史《兒笘錄》。《左襄公十六年傳》：『改服修官。』《哀三年傳》：『官人肅治。』『修官』即『修館』，『官人』即『館人』。說並見俞太史《平議》。皆『官』即『館』之證。意當時越王必設諸館，令孤子、寡婦、疾疹、貧病者入居之。故曰令納館也。」〔註44〕

今按：韋解曲遠扞格，疑非確詁。「宦」恐「官」之形訛，「宦」下「其子」疑爲衍文。「宦」明道本即作「官」。汪遠孫《國語明道本考異》卷四：「『官』字誤。公序本作『宦』，注同。」實則未必。于說於文意爲洽。

# 越君其次

夫差行成，曰：「寡人之師徒，不足以辱君矣。請以金玉、子女賂君之辱。」句踐對曰：「昔天以越賜吳，而吳不受命；今天以吳予越，越可以無聽天之命，而聽君之令乎！吾請達王甬、句東。吾與君爲二君乎！」夫差對曰：「寡人禮先壹飯矣，君若不忘周室，而爲弊邑宸宇，亦寡人之願也。君若曰：『吾將殘汝社稷，滅汝宗廟。』寡人請死，余何面目以視天下乎！越君其次也。」（《越語上》，頁五七二～五七三）

「越君其次也」，韋解：「次，舍也。」《集解》無他說。

于鬯《香草校書·國語》：「鬯案：越君，以越爲君也。越爲君則吳爲臣矣。自越言之，故曰『越君』；若自吳言之，即曰臣越可也。上文云：『余何面目以視天下乎！』是吳王所恥在無以視天下，至於臣越猶爲恥之次，故曰『越君其次也』，即猶之曰『臣越其次也』。次者次第之次。韋解乃以爲次舍之次，則昧於『越君』之爲義矣。不知上文句踐曰：『吾請達王甬句東，吾與君爲二君乎！』『二君』者，辭令耳。《吳語》所謂『諸侯無二君，而周無二

〔註44〕于鬯《香草校書》，頁九三三～九三四，中華書局，1984年版。

王』，則一越焉得有二君？意正謂己爲君，而使吳王臣己也。故吳王謂是猶恥之次者。然則此句即所以答句踐『二君』之語也。」〔註45〕

今按：韋解失其訓。于說強生曲解。皆未得其義。玩文義，夫差對句踐之言有二：一曰：「寡人禮先壹飯矣，君若不忘周室，而爲弊邑宸宇，亦寡人之願也。」二曰：「君若曰：『吾將殘汝社稷，滅汝宗廟。』寡人請死，余何面目以視天下乎！」由越王句踐比次、權衡、選擇。「次」疑訓「比、比次」。《詩·小雅·車攻》：「決拾既佽，弓矢既調。」鄭箋：「佽，謂手指相次比也。」「佽」、「次」通。《文選·張衡〈東京賦〉》：「決拾既次，彫弓斯彀。」李善注引《毛詩》鄭箋曰：「次，謂手指相次比也。」呂向注：「次，比也。」《周禮·考工記·弓人》：「凡居角，長者以次需。」孫詒讓正義：「次，亦言相比次也。」故「越君其次也」之「次」訓「比、比次」，猶言「比較、權衡」。《晉語七》：「臣請薦所能擇，而君比義焉。」王引之《經義述聞·國語下》：「義，當讀爲儀。《說文》：『儀，度也。』比儀者，比之，度之也。」「越君其次也」之「次」，義殆與「比義」同。

## 五穀睦熟

四封之內，百姓之事，時節三樂，不亂民功，不逆天時，五穀睦熟，民乃蕃滋，君臣上下，交得其志，蠡不如種也。（《越語下》，頁五七八）

「五穀睦熟，民乃蕃滋」，韋解：「睦，和也。」

《集解》：「宋庠本『睦』作『稑』，非。」

今按：韋解、《集解》疑俱非，似當從宋庠本作「稑」是。《馬王堆漢墓帛書·十六經·觀》作：「然則五穀溜孰（熟），民乃蕃茲（滋）。」〔註46〕整理小組注釋：「帛書溜字讀爲稑。」〔註47〕「睦」、「稑」皆從坴得聲，當可通假。《說文》：「稑，疾孰也。」段注：「《周禮·內宰》注鄭司農云：『後種先熟曰稑。稑或從翏。』」王筠《說文句讀》：「至於《越語》曰：『五穀稑孰。』韋注曰：『稑，和也。』則以稑、睦聲近而義通也。故與此不同。」王說似亦可商。「稑熟」、「蕃滋」皆同義連文。《廣韻·元韻》：「蕃，滋也。」韋昭注：「蕃，息也。」一也。「稑」、「熟」亦當無異義。「稑」當渾言訓「熟」義長。

〔註45〕于鬯《香草校書》，頁九三四，中華書局，1984年版。
〔註46〕《馬王堆漢墓帛書》（壹），頁六二，文物出版社，1980年版。
〔註47〕《馬王堆漢墓帛書》（壹），頁六四，注釋31，文物出版社，1980年版。

黃丕烈《國語箚記》引段玉裁說：「作『稑』非。《左傳》云：『國無道而年穀和熟，天贊之也。』『和熟』、『睦熟』一也。」〔註48〕段氏未審文例，其說似可商。此作「稑熟」未必非。

## 雜受其刑

逆節萌生，天地未形，而先爲之征，其事是以不成，雜受其刑。(《越語下》，頁五八一～五八二)

「雜受其刑」，韋解：「雜，猶俱也。」

《集解》引俞樾曰：「『雜者，帀也。《呂氏春秋‧圜道篇》：「圜周復雜。」高注曰：「雜，猶帀也。」《淮南子‧詮言篇》：「以數雜之壽，憂天下之亂。」高注曰：「雜，猶帀也。」《說苑‧修文篇》：「如矩之三雜，規之三雜，周而又始，窮則反本也。」亦以雜爲帀。《說文》：「帀，周也。」周帀，則有反覆之義。《太玄》有「周首以象」復卦，范望注曰：「周，復也。」然則帀亦復也。「帀受其刑」者，復受其刑也，猶上文言「反受其殃」也。』」

于鬯《香草校書‧國語》：「鬯案：雜，蓋當作離。離、雜二字形近，傳寫易訛。《周禮‧形方氏職》：『無有華離之地。』鄭注引杜子春云：『離當作雜。《書》亦或作(《十三經注疏‧周禮》『作』爲『爲』。)雜。』《急就》顏師古本：『分別部居不雜廁。』他本『雜』皆作『離』。並其證矣。韋解云：『雜，猶俱也。』訓『雜』爲『俱』，卻與『離』義相近。《易‧兌卦》陸釋引鄭注云：『離，併也。』《後漢書‧鄧皇后紀》李注云：『離，並也。』『併』、『並』義即『俱』義。則韋本或正作『離』，亦未可知。要訓『離』爲『俱』義，亦未確。『離』之言『罹』也。《詩‧兔爰篇》：『雉罹於羅。』陸釋云：『「罹」本作「離」。』《文選‧盧子諒〈贈劉琨詩〉》李注云：『「離」一作「罹」。』『離受其刑』者，猶云『罹受其刑』也。《書‧湯誥》：『罹其凶害。』傳云：『罹，被也。』《史記‧管蔡世家》：『無罹曹禍。』司馬貞索隱亦云：『罹，被也。』然則謂『被受其刑』也。《說文》無『罹』字，見新附。而云『罹』古多通用『離』，蓋古止有『離』字，故曰『離受其刑』。『離』訛爲『雜』，斯不可解矣。」〔註49〕

〔註48〕國學基本叢書選印本《國語》，頁二六四，上海書店，1987年影印商務印書館1934年版。
〔註49〕于鬯《香草校書》，頁九三五～九三六，中華書局，1984年版。

今按：韋解不誤。俞說迂曲，於說無據，皆不可從。《說文》：「雜，五彩相會。从衣，集聲。」段注：「雜，五采相合也。引伸爲凡參錯之偁。又借爲聚集字。」「雜」，當訓「錯雜」。此段文字《管子‧勢》作：「逆節萌生，天地未刑，而先爲之征，其事乃不成，繆受其刑。」《廣雅‧釋詁四》：「繆，纏也。」《史記‧太史公自序》：「功冠羣公，繆權於幽。」裴駰集解引徐廣曰：「繆，錯也，猶云纏結也。」「繆」，當訓「纏結、交錯」。是其證。「雜」由「錯雜、纏結」引申虛化不難得「俱」義。故韋解不誤。

## 無過天極　月盈而匡

臣聞古之善用兵者，贏縮以爲常，四時以爲紀，無過天極，究數而止。天道皇皇，日月以爲常，明者以爲法，微者則是行。陽至而陰，陰至而陽，日困而還，月盈而匡。古之善用兵者，因天地之常，與之俱行。(《越語下》，頁五八四～五八五)

「無過天極，究數而止」，韋解：「極，至也。究，窮也。無過天道之所至，窮其數而止。」《集解》無他說。

今按：韋解訓「極」爲「至」，可商。《說文》：「極，棟也。」《釋名》：「棟，中也。」極爲棟，居室之正中，因通訓極爲中。惟中正可爲法則，故極亦爲法。《詩‧商頌‧殷武》：「商邑翼翼，四方之極。」鄭玄箋：「極，中也。商邑之禮俗翼翼然可則傚，乃四方之中正也。」《後漢書‧樊準傳》準上疏稱《詩》曰：「京師翼翼，四方是則。」李賢注：「韓詩之文也。」極與則音近而義同，故通用。極由法制引申可得常規，常道之義。下文「因天地之常，與之俱行」、「必順天道，周旋無窮」，是其比。《馬王堆漢墓帛書‧十六經‧觀》：「力黑已布制建極。」〔註50〕制謂法度、制度。極、制對文，其義甚明。「無過天極」之「過」，殆非「超過」之「過」，疑訓「失」。《周語上》：「夫天地之氣，不失其序；若過其序，民亂之也。」韋昭注：「過，失也。」《管子‧霸言》：「夫舉失而國危，刑過而權倒。」黎翔鳳《校注》引丁士涵說：「過，猶失也。」《管子‧勢》作：「毋亡天極，究數而止。」「亡」、「失」義近。《馬王堆漢墓帛書‧經法‧國次》：「過極失當，天將降央（殃）。」〔註51〕「過極」與「失當」對文，此處之「極」，當訓「常」或「當」，「過」亦與「失」同義。《十

〔註50〕《馬王堆漢墓帛書》(壹)，頁六二，文物出版社，1980年版。
〔註51〕《馬王堆漢墓帛書》(壹)，頁四五，文物出版社，1980年版。

六經・姓爭》：「過極失當，變故易常。」〔註52〕是其比。

「日困而還，月盈而匡」，韋解：「匡，虧也。」

《集解》引宋庠說：「字書無訓『匡』為『虧』者，此當有所本。俗本作『戻』，非。」

今按：「匡」，疑讀為「軭」。「軭」從「匡」得聲，當可通借。《說文》：「軭，車戾也。」猶今言車輪扭曲，不圓正。段《注》：「戾者，曲也。軭不專謂輪，凡偏戾皆是。」《廣雅・釋詁》：「軭，鼕也。」王念孫《疏證》：「軭者，《說文》：『軭，車戾也。』字通作匡。《考工記・輪人》：『輪雖敝不匡。』鄭眾注云：『匡，枉也。』枉，亦戾也。」朱駿聲《說文通訓定聲》：「匡，假借又為枉。《越語》：『月盈而匡。』注：『虧也。』按：猶曲也。」月盈時則圓，其他時日則有偏缺曲，偏曲則不圓，不圓即不盈，不盈則虧。《馬王堆漢墓帛書・十六經・觀》：「刑德皇皇，日月相望，以明其當，而盈□無匡。」〔註53〕整理小組注釋：「匡，虧損。」〔註54〕宋說是，今試為之補證。

---

〔註52〕《馬王堆漢墓帛書》（壹），頁六九，文物出版社，1980年版。
〔註53〕《馬王堆漢墓帛書》（壹），頁六二，文物出版社，1980年版。
〔註54〕《馬王堆漢墓帛書》（壹），頁六三，注釋28，文物出版社，1980年版。

# 參考文獻

## 一、著作類

1. 《國語》,《四部叢刊》本。

2. 《國語》,《四部備要》本。

3. 徐元誥撰《國語集解》,中華書局,1930年版。

4. 徐元誥撰、王樹民、沈長雲點校《國語集解》,中華書局,2002年版、2006年版修訂本。

5. 上海師範大學古籍整理研究所校點《國語》,上海古籍出版社,1988年版。

6. 《國語》,上海書店,1987年影印商務印書館1934年版。

7. 宋庠《國語補音》,文淵閣《四庫全書》本,臺灣商務印書館,1983年影印。

8. 汪遠孫《國語校注本三種》,道光丙午振綺堂汪氏刊本。

9. 陳瑑《國語翼解》,光緒十八年廣雅書局刻本。

10. 董增齡《國語正義》,巴蜀書社,1985年影印光緒庚辰章氏式訓堂刻本。

11. 吳曾祺《國語韋解補正》,民國十二年(1923年)商務印書館鉛印本。

12. 沈鎔《國語詳注》,民國二十四年(1935年)文明書局鉛印本。

13. 張以仁《國語斠正》,臺灣商務印書館股份有限公司,1969年版。

14. 張以仁《國語虛詞集釋》,中央研究院歷史語言研究所專刊之五十五。

15. 司馬遷撰、裴駰集解、司馬貞索隱、張守節正義《史記》,中華書局,1982年第二版。

16. 班固撰、顏師古注《漢書》,中華書局,1962年第一版。

17. 王念孫《廣雅疏證》，江蘇古籍出版社影印本，1984 年版。

18. 王念孫《讀書雜志》，江蘇古籍出版社影印本，1985 年版。

19. 王引之《經傳釋詞》，江蘇古籍出版社影印本，1985 年版。

20. 王引之《經義述聞》，江蘇古籍出版社影印本，1985 年版。

21. 俞樾《群經平議》，《清經解續編》鳳凰出版社，2005 年版。

22. 于鬯《香草校書》，中華書局，1984 年版。

23. 汪中《新編汪中集》，廣陵書社，2005 年版。

24. 劉台拱《國語補校》，《清經解續編》，鳳凰出版社，2005 年版。

25. 俞樾《諸子平議》，上海書店，1988 年影印本。

26. 俞樾《古書疑義舉例》，中華書局，1956 年版。

27. 《爾雅》，阮元校刻《十三經注疏》本，中華書局，1980 年影印。

28. 郝懿行《爾雅義疏》，上海古籍出版社，1983 年影印本。

29. 許慎《說文解字》，中華書局影印本，1963 年版。

30. 段玉裁《說文解字注》，上海古籍出版社影印本，1988 年版。

31. 朱駿聲《說文通訓定聲》，中華書局影印本，1984 年版。

32. 錢繹撰集、李發舜、黃建中點校《方言箋疏》，中華書局，1991 年版。

33. 周祖謨《方言校箋》，中華書局，1993 年版。

34. 王先謙撰集《釋名疏證補》，上海古籍出版社影印本，1984 年版。

35. 慧琳、希麟《正續一切經音義》，上海古籍出版社，1986 年版。

36. 顧野王《大廣益會玉篇》，中華書局，1987 年影印張氏澤存堂本。

37. 司馬光等編《類篇》，中華書局，1987 年影印「姚刊三韻」本。

38. 余迺永校注《新校互注宋本廣韻》，上海辭書出版社，2000 年版。

39. 丁度等編《集韻》，上海古籍出版社，1985 年影印述古堂影宋鈔本。

40. 唐作藩編著《上古音手冊》，江蘇人民出版社，1982 年版。

41. 劉淇《助字辨略》，中華書局，2004 年第二版。

42. 吳昌瑩《經詞衍釋》，中華書局，1956 年版。

43. 楊樹達《詞詮》，中華書局，1954 年版。

44. 裴學海《古書虛字集釋》，中華書局，2004 年第二版。

45. 宗福邦、陳世鐃、蕭海波主編《故訓匯纂》，商務印書館，2003 年版。

46. 陳國慶《〈漢書‧藝文志〉注釋彙編》，中華書局，1984 年版。

47. 《隋書‧經籍志》，《隋書》，中華書局標點本，1973 年版，頁九三二。

48. 孫猛《郡齋讀書志校證》，上海古籍出版社，1990 年版。

49. 陳振孫《直齋書錄解題》，上海古籍出版社，1987 年版。

50. 永瑢等撰《四庫全書總目》，中華書局，1965 年版。

51. 邵懿辰《增訂四庫簡明目錄標注》，中華書局，1959 年版。

52. 周中孚《鄭堂讀書記》，商務印書館，1959 年版。

53. 朱彝尊《經義考》，中華書局，1998 年版。

54. 余嘉錫《古書通例》（收入《余嘉錫說文獻學》一書），上海古籍出版社，2001 年版。

55. 張心澂《偽書通考》，商務印書館，1957 年修訂版。

56. 鄭良樹《續偽書通考》，臺灣學生書局，1984 年版。

57. 孫啓治、陳建華編《古佚書輯本目錄（附考證)》，中華書局，1997 年版。

58. 中國古籍善本書目編輯委員會編《中國古籍善本書目》（史部上冊），上海古籍出版社，1993 年版。

59. 徐德明《清人學術筆記提要》，學苑出版社，2004 年版。

60. 李道平撰、潘雨廷點校《周易集解纂疏》，中華書局，1994 年版。

61. 孫星衍撰、陳抗、盛冬鈴點校《尚書今古文注疏》，中華書局，1986 年版。

62. 馬瑞辰撰、陳金生點校《毛詩傳箋通釋》，中華書局，1989 年版。

63. 陳奐《詩毛氏傳疏》，中國書店，1984 年影印漱芳齋1851 年本。

64. 王先謙撰、吳格點校《詩三家義集疏》，中華書局，1987 年版。

65. 孫詒讓撰、王文錦、陳玉霞點校《周禮正義》，中華書局，1987 年版。

66. 孫希旦撰、沈嘯寰、王星賢點校《禮記集解》，中華書局，1989 年版。

67. 王聘珍撰、王文錦點校《大戴禮記解詁》，中華書局，1983 年版。

68. 《論語》，阮元校刻《十三經注疏》本，中華書局，1980 年影印。

69. 吳靜安《春秋左傳舊注疏證續》，東北師範大學出版社，2005 年版。

70. 楊伯峻《春秋左傳注》（修訂本），中華書局，1990 年第二版。

71. 杜預《春秋經傳集解》，阮元校刻《十三經注疏》本，中華書局，1980 年影印。

72. 《春秋公羊傳》，阮元校刻《十三經注疏》本，中華書局，1980 年影印。

73. 《春秋穀梁傳》，阮元校刻《十三經注疏》本，中華書局，1980 年影印。

74. 黎翔鳳撰、梁運華整理《管子校注》，中華書局，2004 年版。

75. 王先謙《荀子集解》，上海書店，1986 年影印《諸子集成》本。

76. 王先慎撰、鍾哲點校《韓非子集解》，中華書局，1998 年版。

77. 王利器《呂氏春秋注疏》，巴蜀書社，2002 年版。

78. 何寧《淮南子集釋》，中華書局，1998 年版。

79. 柳宗元《非國語》，《柳宗元集》，中華書局，1979 年版。

80. 劉向撰、向宗魯校證《說苑》，中華書局，1987 年版。

81. 劉向撰、石光瑛校釋、陳新整理《新序》，中華書局，2001 年版。

82. 王充《論衡》，《諸子集成》本，上海書店，1986 年影印。

83. 周生春《吳越春秋輯校匯考》，上海古籍出版社，1997 年版。

84. 方向東《賈誼集匯校集解》，河海大學出版社，2000 年第二版。

85. 國家文物局古文獻研究室編《馬王堆漢墓帛書》（一），文物出版社，1980 年版。

86. 馬王堆漢墓帛書整理小組編《馬王堆漢墓帛書》（三），文物出版社，1983 年版。

87. 鄭良樹《竹簡帛書論文集》，中華書局，1982 年版。

88. 李學勤《簡帛佚籍與學術史》，江西教育出版社，2001 年版。

89. 裘錫圭《中國出土文獻十講》，復旦大學出版社，2004 年版。

90. 李零《簡帛古書與學術源流》，三聯書店，2004 年版。

91. 浦起龍《史通通釋》，上海書店，1987 年影印商務印書館 1937 年版。

92. 章太炎《章太炎全集》（六），上海人民出版社，1986 年版。

93. 顧頡剛講授、劉起釪筆記《春秋三傳及國語之綜合研究》，巴蜀書社，1988 年版。

94. 趙生群《〈春秋〉經傳研究》，上海古籍出版社，2000 年版。

95. 趙生群《〈史記〉編纂學導論》，鳳凰出版社，2006 年版。

96. 王其和《俞樾校勘訓詁研究——兼論〈古書疑義舉例〉》，南京大學，2005 年申請博士學位論文。

## 二、論文類

1. 李炳海《〈國語〉瑣記》，《古籍整理研究學刊》，1990 年第 6 期。

2. 苗文利《〈國語〉點校本的標點失誤》，《古籍整理研究學刊》，1991 年第 6 期。

3. 董蓮池、王彩雲《〈國語〉韋昭注匡謬一則》，《古籍整理研究學刊》，1995 年第 6 期。

4. 徐朝暉《〈國語〉韋昭注語法得失》，《古漢語研究》，2000 年第 4 期。

5. 徐朝暉《〈國語〉韋昭注箚記》，《古漢語研究》，2006 年第 4 期。

6. 趙生群《〈國語〉疑義新證》，《中國古文獻學與文學國際學術研討會會議論文集》（上冊），北京，2006 年 11 月。

7. 于省吾《晉祁奚字黃羊解》，《文史》第五輯。

8.  王樹民《瞽史》,《文史》第二十一輯。

9.  王樹民《〈國語〉的作者和編者》,《文史》第二十五輯。

10. 胡家聰《〈小匡〉考辨》,《中國歷史文獻研究》(二)。

11. 陳千鈞、黃寶權《籍田、爰田、初稅畝芻議》,《中國歷史文獻研究》第四集。

12. 譚家健《關於〈國語〉的成書時代和作者問題》,《河北師院學報》(哲學社會科學版),1985 年第 2 期。

13. 沈長雲《〈國語〉編撰考》,《河北師院學報》(哲學社會科學版),1987 年第 3 期。

14. 譚家健《歷代關於〈國語〉作者問題的不同意見綜述》,《中國史研究動態》,1994 年第 7 期。

15. 張政烺《「士田十萬」新解》,《文史》第二十九輯。

16. 葛志毅《史官的規諫記言之職與〈尚書〉、〈國語〉的編纂》,《文史》第五十六輯(2001 年第 3 輯)。

17. 俞志慧《〈國語〉的文類及八〈語〉遴選的背景》,《文史》,2006 年第 2 輯·總第 75 輯。

18. 李步嘉《唐前〈國語〉舊注考述》,《文史》第五十七輯(2001 年第 4 輯)。

19. 張政烺《〈春秋事語〉解題》,《文物》,1977 年第 1 期。

20. 裘錫圭《帛書〈春秋事語〉校讀》,《湖南省博物館館刊》,第 1 期。

21. 《湖南省慈利石板村 36 號戰國墓發掘簡報》,《文物》,1990 年第 10 期。

22. 《湖南省慈利石板村號戰國墓》,《考古學報》,1995 年第 2 期。

23. 張春龍《慈利楚簡概述》,新出簡帛國際學術研討會文集《新出簡帛研究》,文物出版社,2004 年版。

# 致　謝

　　首先感謝所有老師特別是趙生群老師及師母、施謝捷老師及師母、方向東老師、黃征老師多年的教益與關照，其次感謝學友蕭旭、劉立志、學弟王永吉的無私幫助，最後感謝家人的關心照顧。無以爲報，謹致謝忱！